BEI GRIN MACHT SICH IHR WISSEN BEZAHLT

- Wir veröffentlichen Ihre Hausarbeit, Bachelor- und Masterarbeit

- Ihr eigenes eBook und Buch - weltweit in allen wichtigen Shops

- Verdienen Sie an jedem Verkauf

Jetzt bei www.GRIN.com hochladen und kostenlos publizieren

Bibliografische Information der Deutschen Nationalbibliothek:

Die Deutsche Bibliothek verzeichnet diese Publikation in der Deutschen Nationalbibliografie; detaillierte bibliografische Daten sind im Internet über http://dnb.d-nb.de/ abrufbar.

Dieses Werk sowie alle darin enthaltenen einzelnen Beiträge und Abbildungen sind urheberrechtlich geschützt. Jede Verwertung, die nicht ausdrücklich vom Urheberrechtsschutz zugelassen ist, bedarf der vorherigen Zustimmung des Verlages. Das gilt insbesondere für Vervielfältigungen, Bearbeitungen, Übersetzungen, Mikroverfilmungen, Auswertungen durch Datenbanken und für die Einspeicherung und Verarbeitung in elektronische Systeme. Alle Rechte, auch die des auszugsweisen Nachdrucks, der fotomechanischen Wiedergabe (einschließlich Mikrokopie) sowie der Auswertung durch Datenbanken oder ähnliche Einrichtungen, vorbehalten.

Impressum:

Copyright © 2010 GRIN Verlag, Open Publishing GmbH
Druck und Bindung: Books on Demand GmbH, Norderstedt Germany
ISBN: 9783656304548

Dieses Buch bei GRIN:

http://www.grin.com/de/e-book/145882/amelia-earhart-die-erste-frau-die-zweimal-ueber-den-atlantik-flog

Ernst Probst

Amelia Earhart - Die erste Frau, die zwei Mal über den Atlantik flog

GRIN Verlag

GRIN - Your knowledge has value

Der GRIN Verlag publiziert seit 1998 wissenschaftliche Arbeiten von Studenten, Hochschullehrern und anderen Akademikern als eBook und gedrucktes Buch. Die Verlagswebsite www.grin.com ist die ideale Plattform zur Veröffentlichung von Hausarbeiten, Abschlussarbeiten, wissenschaftlichen Aufsätzen, Dissertationen und Fachbüchern.

Besuchen Sie uns im Internet:

http://www.grin.com/

http://www.facebook.com/grincom

http://www.twitter.com/grin_com

*Amelia Earhart am 5. November 1928
auf dem Luftwaffenstützpunkt Langley*

Ernst Probst

Amelia Earhart

Die erste Frau,
die zwei Mal über den Atlantik flog

Coverbild: © Alexander Shevchenko - Fotolia.com

*Amelia Earhart (1897–1937)
gewidmet*

Geburtshaus von Amelia Earhart in Atchinson (Kansas)

Amelia Earhart

Die erste Frau, die zwei Mal über den Atlantik flog

Als Amerikas legendärste Fliegerin gilt Amelia Earhart (1897–1937). Sie wurde 1932 im Alter von 34 Jahren als der erste Mensch berühmt, der – einmal als Passagier und einmal als Pilotin – zwei Atlantikflüge unternommen hatte. Ihr großes Vorbild war ihr Landsmann Charles A. Lindbergh (1902–1974), der 1927 als Erster den Atlantik überflogen hatte. Da sie ihm auch äußerlich ähnelte, nannte man sie „Lady Lindy", sie selbst bezeichnete sich lieber als „AE". 1937 kehrte sie von einem Flug, wie ihn zuvor noch niemand gewagt hatte, nicht mehr zurück.

Amelia Mary Earhart erblickte am 24. Juli 1897 als Tochter des Advokaten Samuel Stanton („Edwin") Earhart (1865–1930) und seiner Ehefrau Amelia („Amy") Otis (1869–1937) in Atchinson (Kansas) das Licht der Welt. Zwei Jahre später wurde ihre Schwester Grace Muriel (1899–1998) geboren. In Atchinson verbrachte Amelia ihre Kindheit überwiegend im Haus ihrer Großeltern, weil ihr Vater ein Alkoholiker war.

Der Vater verlor wegen seiner Alkoholsucht eine Arbeitsstelle nach der anderen, musste mehrfach umziehen und brachte damit seine Familie immer mehr in finanzielle Schwierigkeiten. Diese traurigen Erfahrungen sind vermutlich der Grund dafür gewesen, dass Amelia einen fast manischen Hass auf alkoholische Getränke entwickelte. Im Alter von elf Jahren musste die Elfjährige mit ihren Eltern und ihrer Schwester nach Moines (Iowa) umziehen. Dort sei der Verlust des materiellen Wohlstandes immer sichtbarer geworden und habe

Bloomers-Frauenhose
auf einer Zeichnung
aus dem Jahre 1850

der langsame Zerfall der Familie eingesetzt, schrieb Amelia's Schwester Grace Muriel später.
Als Kind verhielt sich Amelia anders, als man es damals von Mädchen erwartete. Sie wollte all das tun, was Jungs machten, nur besser. Amelia spielte Football, kletterte auf Bäume, baute Baumhäuser und schoss mit dem Gewehr, das ihr der Vater anstelle von Puppen geschenkt hatte, auf Ratten. Einmal raste sie im Winter zum Entsetzen von Zuschauern mit einem Schlitten unter einer die Straße entlangfahrenden Pferdekutsche hindurch.
Eine Tante in Kansas schenkte Amelia und ihrer Schwester Grace Muriel so genannte Bloomers-Frauenhosen, die nach der amerikanischen Feministin Amelia Bloomer (1818–1894) benannt sind. Diese Hosen im Ballonschnitt waren nicht so schön wie die damals üblichen Mädchenkleider, ermöglichten aber volle Bewegungsfreiheit.
Amelia las am liebsten eigentlich für Jungen bestimmte Bücher über Abenteuer und Helden. Mit diesem Lesestoff war sie aber oft nicht wirklich zufrieden. Sie klagte über die sich ständig wiederholende Stereotypie des ewig überlegenen männlichen Helden, der zur Belohnung immer das schöne, aber hilflose Fräulein bekam, das er wagemutig rettete.
Früh hatte Amelia Earhart den Wunsch nach Unabhängigkeit und Selbstbestimmung sowie nach einer eigenen Karriere. Wie ein Schwamm saugte sie jede Information über Frauen in Männerberufen auf und sammelte Zeitungsartikel darüber. Dass sich Jungen kaum für sie interessierten, störte sie nicht besonders. Amelia interessierte sich für Chemie und Physik und schloss 1916 in Chicago die High-School mit Auszeichnung ab.
Im Winter 1917 begegnete die 20-jährige Amelia bei einem Besuch ihrer jüngeren Schwester Grace Muriel in Toronto schwerverletzten britischen Soldaten aus dem Ersten Weltkrieg (1914–1918), die in Europa verwundet worden waren und sich

in Kanada erholen sollten. Nach diesem Erlebnis wurde sie sofort Militärkrankenschwester und lebenslang überzeugte Pazifistin. Als junge Frau sympathisierte sie mit der politischen Linken und beteiligte sich einmal an einer Veranstaltung der illegalen sozialistischen Organisation „Industrial Workers of the World", die von der Polizei aufgelöst wurde.
Im Herbst 1919 begann Amelia Earhart an der „Columbia University" in New York City ein Medizinstudium. Das Studium behagte ihr aber nicht, sie brach es nach einem halben Jahr ab und kehrte zu ihren Eltern, die damals in Los Angeles (Kalifornien) lebten, zurück. Angeblich hatten Professoren zu ihr gesagt, sie müsse mehr arbeiten. Nach anderen Angaben konnte sie sich nicht vorstellen, eines Tages am Bett eines Patienten sitzen und über schmerzstillende Tabletten plaudern zu müssen.
Entscheidend für Amelia Earharts weiteren Lebensweg war, dass sie 1920 erstmals in einem Flugzeug mitfliegen durfte. Von da ab wollte sie unbedingt selber fliegen. Der Flugunterricht kostete damals 1.000 Dollar und Amelias Eltern weigerten sich, diesen teuren „Spleen" finanziell zu unterstützen. Um das kostspielige Hobby finanzieren zu können, nahm Amelia in den folgenden Jahren insgesamt 28 verschiedene Jobs – von der Telefonistin bis zur Würstchenverkäuferin auf Volksfesten – an. 1921 konnte sie ihre erste Flugstunde bei Anita („Neta") Snook (1896–1991) nehmen. Bereits ein halbes Jahr später kaufte sich Amelia 1922 mit selbst gespartem und von ihrer Mutter geliehenem Geld ein gebrauchtes Flugzeug („Kinner Airster"), mit dem sie bald darauf noch im selben Jahr einen Höhen-Weltrekord (4.267 Meter) für Frauen aufstellte.
Nach mehr als 30-jähriger Ehe ließen sich die Eltern von Amelia Earhart 1924 scheiden. Amelia zog mit ihrer Mutter nach Boston (Massachusetts) an die Ostküste der USA. Angeblich ihrer Mutter zuliebe veräußerte sie ihr Flugzeug und

kaufte sich stattdessen einen Sportwagen. In Boston besuchte sie noch einmal ein College, arbeitete danach zunächst als Lehrerin und später im „Denison House" als Sozialarbeiterin, wo sie die Kinder von Einwanderern betreute. Auch in Boston verbrachte sie ihre Freizeit meistens auf dem Flugplatz.

Am 17. und 18. Juni 1928 flog Amelia Earhart zusammen mit dem Piloten Wilmer Stultz (1899–1989) und dem Mechaniker Louis „Slim" Gordon an Bord des Flugzeuges „Friendship" als erste Passagierin über den Atlantik. Dies geschah ein Jahr nach Charles A. Lindberghs triumphalem Nonstop-Flug im Mai 1927 von New York City nach Paris.

Der Start zum Atlantikflug erfolgte in Trepassey auf Neufundland, einer Insel vor der kanadischen Ostküste. Amelia Earhart trug eine geliehene mit Pelz gefütterte Fliegerkombination, saß unbequem im hinteren Teil der Maschine und führte das Logbuch. Während des Fluges durch dichte Wolken war die Sicht miserabel, der Funk ausgefallen und der Pilot nach 19 Stunden total übermüdet. Zuletzt hatten sie auch die Orientierung verloren und mit einem vorbeifahrenden Schiff keinen Kontakt aufnehmen können. Sie flogen immer weiter und ihre Lage wurde immer brenzliger. Doch irgendwann erblickten sie Boote, wenig später eine Küste und wasserten in der Bucht von Burry Port in Wales (Großbritannien). Ihr eigentliches Ziel war Irland gewesen, doch dieses Land hatten sie in den durchflogenen Wolkengebirgen nicht entdeckt. Der Flug von Neufundland nach Wales hatte insgesamt 20 Stunden 40 Minuten gedauert.

Nach der Rückkehr in die USA erlebte Amelia einen wochenlangen Triumphzug, während der Pilot Wilmer Stultz weitgehend unbeachtet blieb. Man feierte die schlaksige Blondine als Heldin und wählte sie zur „Frau des Jahres 1928". Bald war sie ein großes Idol vieler junger amerikanischer Frauen. Oft lud man sie zu Interviews und Vorträgen ein, bei

Thea Rasche (1899–1971)

denen sie die Gelegenheit nutzte, um „die Frauen aus dem Käfig ihres Geschlechts herauszuholen".
Ursprünglich hatte die junge Gattin des Millionärs Frederick Guest – angeregt durch Lindberghs Flug – geplant, sich in der von ihr gekauften dreimotorigen „Fokker" als Passagier nach Europa fliegen zu lassen. Doch nach heftigem Streit im Familienkreis sollte an ihrer Stelle eine andere Frau mitfliegen. Bei der Suche nach einer geeigneten Kandidatin stieß der New Yorker Verleger George Palmer Putnam (1887–1950), ein Freund des Millionärs Guest, auf Amelia Earhart. Vor dem Start, der wegen schlechten Wetters immer wieder verschoben werden musste, schrieb Amelia Abschiedsbriefe an ihre Familienangehörigen, die sie „Abkratzbriefe" nannte und nur im Falle ihres Todes geöffnet werden sollten.
Im August 1929 nahm Amelia Earhart als eine von insgesamt 20 Pilotinnen – darunter auch Thea Rasche (1899–1971) aus Deutschland – am ersten „Cleveland Women's Air Derby" teil. Dieser Überlandflug-Wettbewerb für Pilotinnen vom 18. bis 26. August 1929 gilt als erster Frauen-Luftwettkampf der Weltgeschichte. Die insgesamt 4.500 Kilometer lange Strecke von Santa Monica (Kalifornien) nach Cleveland (Ohio) war in Tagesetappen von jeweils rund 500 Kilometern eingeteilt. Teilnehmen durften nur Frauen mit Pilotenschein und mindestens 100 Stunden Flugerfahrung. Bei diesem „Frauen-Luftderby" wurde Amelia finanziell und moralisch von Putnam unterstützt.
Die amerikanische Presse berichtete nicht fair über dieses berühmte Derby, das man als „Puderquastenrennen" („Powder-Puff-Derby"), „Lippenstift-Derby" oder „Pettycoat-Derby" bezeichnete. Männliche Journalisten forderten allen Ernstes sogar eine Absage des Derbys. Man prophezeite, die Pilotinnen würden sich im Kampf wohl gegenseitig die Haare ausreißen und mit Haarnadeln stechen. Das Vorurteil, dass Frauen nicht fliegen können, sah man als bestätigt an, weil die

Amerikanerin Marvel Crosson (1904–1929) bei dem Derby abstürzte und starb.
Aufgrund vernichtender Reaktionen der US-Presse auf das Wettrennen trafen sich Amelia Earhart und andere amerikanische Pilotinnen am 2. November 1929 in einem Hangar auf dem Flugplatz „Curtiss Field" in Valley Stream auf Long Island (New York), und gründeten den „Club der Neunundneunzig" („Ninety Nines"). Dieser Club sollte die Stellung der Frau in der Luftfahrt stärken. Er vertrat die Interessen von 99 der 117 weiblichen Piloten mit Flugschein, die es zum Zeitpunkt seiner Gründung in den USA gab. Er setzte sich beispielsweise dafür ein, dass Frauen an Luftrennen und Wettflügen teilnehmen konnten. Amelias Popularität und ihr unermüdlicher Einsatz bewirkten, dass Pilotinnen beim Publikum und bei Ausrichtern von Flugveranstaltungen bald mehr Akzeptanz fanden. Amelia war von 1931 bis 1933 die erste offizielle Präsidentin von „Ninety Nines" und setzte sich in dieser Eigenschaft unermüdlich für ihre feministischen Ziele ein. Heute sind die „Ninety Nines" die weltweit größte Pilotenvereinigung mit Sektionen in fast allen Ländern der Welt. Die Pilotenvereinigung gewann als Interessensverband bald weltweiten Einfluss in der Luftfahrt.
Immer wieder betonte Amelia Earhart, dass es ihr mit ihren wagemutigen Flügen auch darum gegangen sei, zu beweisen, dass Frauen zu technischen Höchstleistungen in der Lage seien. Sie setzte sich auch dafür ein, dass Frauen ihre Zulassung an technische Hochschulen bekamen, unterstützte junge Frauen bei der Berufswahl und half ihnen, in technischen Berufen Fuß zu fassen. Als Gastdozentin der „Purdue University" in Lafayette trug sie dazu bei, die Grundlagen zu erarbeiten, die junge Frauen in der Luftfahrt fördern.
1929 wurde Amelia Earhart als Funktionärin für die „National Aeronatic Association" gewählt. In dieser Eigenschaft inspirierte sie die „Fédéral Aéronautique Internationale" („FAI")

dazu, separate Höhen-, Geschwindkeits- und Ausdauerrekorde für Frauen einzuführen.
An Ehe und Mutterschaft dachte Amelia Earhart kaum. 1930 schrieb sie einer Freundin: „Ich halte noch immer nichts von der Ehe. Ich glaube, dass ich vielleicht nie etwas anderes als einen Käfig in ihr sehen kann." Ihr wird auch der Satz zugeschrieben: „Es dauert zu lange, ein Baby zu machen."
Doch am 7. Februar 1931 erhörte Amelia Earhart den sechsten Heiratsantrag von George Palmer Putnam und heiratete widerstrebend den zehn Jahre älteren und weniger abenteuerlustigen Mann. Sie befürchtete, die Ehe könne sie in ihrer Fliegerei einschränken, schloss mit Putnam einen Ehevertrag, was damals eine Sensation war, wollte keine Kinder bekommen und vereinbarte eine „offene Ehe".
Widersprüchlich sind die Angaben über eine angebliche Affäre von Amelia Earhart mit dem verheirateten Piloten sowie ehemaligen Football- und Basketballprofi Gene Vidal (1895–1969). Mal heißt es, die Liebesbeziehung zwischen den Beiden sei erfunden. Mal wird behauptet, Amelia habe ihre Beziehung mit Vidal vor der Ehe mit Putnam beendet. Mal ist die Rede davon, Earhart habe ihre Affäre mit Vidal auch als Ehefrau fortgesetzt.
Am 20. Mai 1932 flog Amelia Earhart als erste Frau mit ihrer einmotorigen „Lookheed Vega" in 14 Stunden 56 Minuten von Harbor Grace auf Neufundland (Kanada) über mehr als 3.200 Kilometer Wasserwüste des Atlantik bis fast nach Londonderry in Nordirland. Dies war ein schwieriges Unterfangen gewesen: Wenige Stunden nach dem Start flog sie in eine Schlechtwetterfront, fiel ihr Höhenmesser aus, vereisten die Tragflächen, wurde das Flugzeug immer schwerfälliger und tropfte Benzin aus einem gerissenen Auspuffkrümmer. Als sie mit ihrer Maschine tiefer ging, geriet diese ins Trudeln und stürzte fast 1.000 Meter senkrecht in die Tiefe, bevor sie wieder

*Amelia Earhart
und George Palmer Putnam (1887–1950)*

abgefangen werden konnte. Obwohl sie nicht – wie geplant – auf dem Flughafen von Paris, sondern auf einer Wiese inmitten einer Kuhherde in Nordirland gelandet war, galt ihr Flug als eine Sensation. Damit war sie der erste Mensch, der zwei Mal in der Luft den Atlantik überquert hatte: einmal als Passagier und einmal als Pilotin.

Nach diesem Rekordflug wurde Amelia Earhart in London von Hunderttausenden umjubelt. Zwei Wochen später bereitete man ihr in New York City einen triumphalen Empfang. Für ihren Rekordflug wurde Amelia von Herbert Clark Hoover (1874–1964), dem 31. Präsidenten der Vereinigten Staaten, mit der Goldmedaille der „National Geographic Society" geehrt. Außerdem erhielt sie als erste Frau das „Distinguished Flying Cross". In ihrer Dankesrede erklärte sie, einige Aspekte ihres Fluges seien übertrieben dargestellt worden. Sie sei nicht mit den letzten Litern Treibstoff gelandet, sondern habe noch über 400 Liter verfügt, und sie habe bei der Landung auch keine Kuh getötet, es sei denn, eine wäre vor Angst gestorben. 1932 zeichnete man sie auch mit der „Internationalen Harmon Trophy" als „beste Fliegerin der Welt" aus.

Im August 1932 flog Amelia Earhart von Los Angeles (Kalifornien) nach Newark (New Jersey). Für diese 3.987 Kilometer lange Strecke benötigte sie 19 Stunden 5 Minuten. Ein Jahr darauf wiederholte sie diesen Solo-Transkontinentalflug über den amerikanischen Kontinent und war mit 17 Stunden 7 Minuten rund zwei Stunden schneller.

1933 freute sich Amelia Earhart über die Wahl von Franklin D. Roosevelt (1882–1945) zum 32. Präsidenten der Vereinigten Staaten. Sie befürwortete dessen Programm einer Sozialgesetzgebung und der staatlichen Fürsorge für Kranke, Rentner, Arbeitslose und Randgruppen. Mit dem linksliberalen US-Präsidenten und seiner Ehefrau Eleanor Roosevelt (1984–1962) war Amelia privat und politisch befreundet. Kurz nach dem Einzug in das „Weiße Haus" in Washington überredete

Amelia die „First Lady" zu einem nächtlichen Rundflug über die Hauptstadt der USA.
Die schlanke und hochgewachsene Amelia trug im Privatleben neben Röcken auch Hosenanzüge, die sie selbst entwarf. Selbst erfunden hat sie einen berühmten Flieger-Overall mit Reißverschlüssen.
Am 11. Januar 1935 glückte Amelia Earhart der erste Flug von Hawaii zum rund 4.000 Kilometer entfernten amerikanischen Festland. Amelia war der erste Mensch, dem dieses gefährliche Unternehmen gelang. 18 Stunden 15 Minuten nach ihrem Start in Honolulu auf Hawaii auf der nach einem Wolkenbruch in einen Sumpf verwandelten Rollbahn landete sie wohlbehalten in Oakland (Kalifornien). Dort hießen sie schätzungsweise 10.000 Menschen willkommen. Ebenfalls 1935 unternahm sie einen Alleinflug von Los Angeles nach Mexico-City in 13 Stunden 23 Minuten. Groß war der Jubel, als sie 1935 nach einem 14 Stunden 19 Minuten langen Flug von Mexico City über den Golf von Mexiko in Newark landete.
Als US-Präsident Franklin D. Roosevelt 1936 zur Wiederwahl antrat, unterstützte ihn Amelia Earhart bei zahlreichen öffentlichen Vorträgen. Roosevelt blieb bis zu seinem Tod 1945 Präsident der Vereinigten Staaten.
Wenige Monate vor ihrem 40. Geburtstag am 24. Juli 1937 beschloss Amelia Earhart, als erster Mensch die Erde am Äquator zu umrunden. Für diesen wagemutigen Weltflug stand ihr eine zweimotorige „Electra" (Lockheed Modell 10) zur Verfügung. Das kühne Unternehmen wurde vor allem von der „Purdue University" finanziert, bei der Amelia als Beraterin von Studentinnen arbeitete. Die Universität sponserte die „Lockheed Electra" als „fliegendes Labor".
Der erste Start von Amelia Earhart zum geplanten Weltflug im März 1937 auf Hawaii missglückte. Ihre Maschine wurde durch einen Brand schwer beschädigt und Amelia kehrte in die amerikanische Hauptstadt Washington zurück. Danach

konnte sie es kaum erwarten, bis ihr Flugzeug repariert wurde.
Am 21. Mai 1937 flogen Amelia Earhart und ihr Navigator Fred Noonan (1893–1937) nach Miami (Florida), um dort erneut zum Weltflug zu starten. Rund 500 Schaulustige jubelten den Beiden zu, als sich ihre rote „Lockheed Electra" am 1. Juni 1937 um 5.56 Uhr in die Luft erhob. Die Rückkehr in Amerika war für den 4. Juli 1937, den Unabhängigkeitstag („Independence Day") der USA, geplant.
Die Pilotin Amelia Earhart saß während des Fluges im Cockpit der „Lockheed Electra" und steuerte die Maschine. Ihr Navigator Fred Noonan kauerte zwischen den Tanks im Rumpf des Flugzeuges am Navigationstisch. Weil die lauten Motoren eine mündliche Kommunikation nicht erlaubten, schrieben Earhart und Noonan Zettel und zogen diese an einer Schnur hin und her. Sobald sie nach fünf bis zu zehn Stunden Flugzeit wieder aus der Maschine stiegen, dröhnte ihnen der Motorenlärm noch lange in den Ohren.
Anfangs führte der Flug nach Südwesten über die Karibik an der südamerikanischen Küste entlang. Am 7. Juni 1937 erfolgte die Überquerung des Atlantiks von Brasilien in Südamerika nach Senegal in Westafrika. Acht Tage später landeten Earhart und Noonan in Karachi und hatten nun etwa die Hälfte der Flugstrecke geschafft. Anschließend ging es weiter über Indien nach Rangun Malaysia.
Der Flug, wie ihn zuvor noch niemand gewagt hatte, erforderte die volle Konzentration der Pilotin und des Navigators. Weitere Belastungen waren Sandstürme, Monsunregen und tropisch-heiße Nächte. Nach der Landung auf Java fühlte sich Amelia Earthart nicht nur erschöpft und krank, sondern begann auch zu bezweifeln, ob sich der Aufwand, die Strapazen und das Risiko überhaupt lohnen würden. Doch ihr Ehemann drängte sie von New York City aus zum Weiterflug. Ihm erschien es wichtig, dass der Weltflug vor dem

*Zweimotoriges Flugzeug vom Typ
„Electra" (Lockheed Modell 10)
im „London Science Museum"*

amerikanischen Nationalfeiertag am 4. Juli 1937 beendet sei, weil dann die Begei-sterung für dieses Abenteuer besonders groß sein würde.
Nach einer Zwischenlandung in Australien landeten Amelia Earhart und Fred Noonan – fünfeinhalb Wochen nach ihrem Start in Kalifornien – am 29. Juni 1937 in Lae auf Neuguinea. Nun hatten sie ungefähr drei Viertel der Gesamtstrecke ihres Weltfluges geschafft. In Lae versuchte Amelia erfolglos, den Radiomechaniker Harry Belfour der „New Guinea Airways" dafür zu gewinnen, sie auf ihrem Weiterflug zu begleiten. Die nächste Etappe über 4.740 Kilometer galt nämlich als besonders riskant. Dabei musste Howland Island, eine winzige Insel der Phönix-Gruppe in der Südsee zwischen Haiwaii und Australien, gefunden werden. Das war zu jener Zeit, in der es für einen Navigator über der hohen See nur Kompass, Uhr, Geschwindigkeitsmesser, Sterne bzw. Sonnenstand und eventuell Funksignale als Orientierungshilfen gab, kein leichtes Unterfangen.
Earhart und Noonan mussten unbedingt Howland Island ansteuern, weil der maximale Treibstoffvorrat ihrer „Lockheed Electra" nicht weiter reichte. Noonan studierte intensiv die von der US-Regierung bereitgestellten Karten, auf denen die Howland-Insel irrtümlich etwa zehn Kilometer zu weit nordwestlich eingezeichnet war.
Am 2. Juli 1937 um 10.22 Uhr Ortszeit nahmen Earhart und Noonan, die sich gegenseitig Mut zugesprochen hatten, mit ihrer vollaufgetankten „Lockheed Electra" die gefährlichste Etappe ihres Flugabenteuers in Angriff. Ihr Treibstoffvorrat reichte für etwa 20 Stunden und sie wollten nach 18 Stunden auf Howland Island zwischenlanden.
Beim Start auf der stoppeligen Piste von Lae brach die Antenne des Kurzwellensenders der „Lockheed Electra" ab. Wegen des vollen Benzintanks erhob sich die Maschine nur langsam und träge in die Luft, weswegen am Ende der Startbahn das Wasser

der Salomonensee aufschäumte. Weder Amelia Earhart noch ihrem Navigator Fred Noonan und auch nicht dem vor Howland Island wartenden Kutter „Itasca" der US-Küstenwache fiel das Fehlen der Antenne auf, das bewirkte, dass vom Flugzeug aus zwar Funksprüche abgesetzt, aber nicht mehr empfangen werden konnten.

Amelia Earhart wollte die kleine Insel Howland durch Funkpeilung finden. Aus diesem Grund wartete dort der Kutter „Itasca", der auf ihre Funksprüche wie geplant reagierte. Amelia meldete mehrfach, keine Funksignale zu empfan-gen und irrte offenbar zunehmend über dem Pazifik umher.

In der Funkbude des Kutters „Itasca" wachte man die ganze Nacht, um Meldungen von Amelia Earhart zu hören. Am Morgen um 2.38 Uhr vernahm man dort erstmals die Stimme von Amelia, als sie „Himmel bedeckt" sagte. Nach Sonnenaufgang meldete Amelia „200 miles out" (zu deutsch: 200 Meilen entfernt"). Offenbar folgte sie einer Positionslinie, die ihr Navigator abgesteckt hatte und auf der sie Howland Island finden hätten müssen, wenn die Fehlerwahrscheinlichkeit nicht zu groß war und beispielsweise Wolkenschatten die kleine Insel nicht verdeckten.

Die „Lockheed Electra" flog bereits auf Reserve, als sich Amelia Earhart mit folgenden Worten meldete: „KHAQQ ruft Itasca. Wir müssen über euch sein, können euch aber nicht sehen. Der Treibstoff geht zu Ende. Wir sind nicht in der Lage, euch über Funk zu erreichen. Wir fliegen in tausend Fuß ..."

Unruhig erwartete ein Empfangskomitee auf dem Flugfeld von Howland Island die „Lockheed Electra". Für Amelia Earhart und Fred Noonan standen in einem Schuppen gemachte Betten bereit. Auf dem Kutter „Itasca" suchte man den Horizont mit Feldstechern ab. Dann hörte man Amelia ein letztes Mal, als sie sagte: „Wir sind auf Position 157-337.

Wir werden uns auf 6210 Kilohertz melden – pardon – auf 6210 Kilohertz empfangen. Wir fliegen hin und her. Fliegen Nord-Süd." Danach herrschte Funkstille im Äther um Howland Island, wo die „Lockheed Electra" nie ankam.
An Bord des Kutters „Itasca" hielt sich ein 23-jähriger Student der Universität Hawaii namens James Carey auf, der für die Nachrichtenagentur „Associated Press" („AP") über die Zwischenlandung von Amelia Earhart berichten sollte. Er erkannte sofort den Ernst der Lage und schrieb auf seinen Block „Eilmeldung von der „Itasca". Amelia Earhart abgestürzt." Doch der junge Mann konnte seine sensationelle Nachricht nicht senden, weil die Frequenzen für mögliche Notsignale der Pilotin reserviert waren. „Associated Press" meldete später das Verschwinden von Amelia von Hawaii aus und nannte die Küstenwache als Quelle. Carey schrieb auf seinen Block, die „Itasca" fahre auf der Suche volle Kraft voraus zum nordwestlichen Quadranten.
Eine junge Funkamateurin namens Betty Klenck will 1937 in St. Petersburg (Florida) eine mysteriöse Meldung aufgefangen haben, die von Amelia Earhart stammen soll, deren Stimme sie von der Wochenschau her kannte. Amelia soll sich mit einem Mann gestritten haben und ihn aufgefordert haben, er solle im Flugzeug bleiben und sich um das Funkgerät kümmern. Die Signale hätten mal stark zugenommen, mal seien sie schwächer geworden. Was sie verstand, schrieb sie in einem Schulheft auf, legte es ihrem Vater vor und dieser informierte die Küstenwache, fand aber kein Gehör. Über die angeblichen Vorgänge berichtete Betty Klenck später im Alter von 84 Jahren der Nachrichtenagentur „Associated Press".
Offenbar hatten die nach vierwöchigen Strapazen völlig erschöpfte Amelia Earhart und ihr Navigator Fred Noonan das nur drei Kilometer lange und weniger als einen Kilometer breite Atoll in den Weiten des Pazifik nicht gefunden.

*Leuchtturm „Amelia Earhart Light"
auf Howland Island*

Kurze Zeit nach dem letzten Funkspruch von Amelia setzte US-Präsident Franklin D. Roosevelt einen Krisenstab ein und ordnete die bis dahin größte Suchaktion für ein einzelnes Flugzeug in der Geschichte der Luftfahrt an. Daran beteiligten sich 64 Flugzeuge, acht Kriegsschiffe und 4.000 Männer der US-Marine. Man suchte mehr als 402.000 Quadratkilometer ab. Die Suchaktion kostete etwa vier Millionen US-Dollar. Doch man entdeckte nicht die geringste Spur von Maschine und Besatzung. Nach mehr als zwei Wochen stellte man am 19. Juli 1937 die Suchaktion ein. 1938 wurde auf Howland Island ein Leuchtturm errichtet und „Amelia Earhart Light" genannt. Am 5. Januar 1939 erklärte man die verschollene Fliegerin für tot.

Das Rätsel um das traurige Ende von Amelia Earhart ist bis heute nicht geklärt. Mehr als 50 Bücher und einige Filme haben sich damit befasst. Verschwörungstheoretiker ließen sich teilweise zu den gewagtesten Spekulationen hinreißen. Mal war beispielsweise die Rede von Earharts angeblicher Rolle als Spionin, die aus der Luft nach japanischen Kriegsschiffen spähen sollte. Mal hieß es, sie sei durch Außerirdische entführt worden. Mal phantasierte man, sie sei nach ihrer Gefangennahme durch Japaner eine Mätresse des Kaisers Hirohito gewesen.

Laut Internet-Lexikon „Wikipedia" hat eine Kombination verschiedener Ursachen zu dem Unglück geführt. Dort liest man: „Zum einen war die Howlandinsel auf damaligen Karten falsch, nämlich 10 km westlich von ihrer tatsächlichen Lage verzeichnet. Zudem war die Berechnung der Flugzeugposition des Navigators Noonan vermutlich fehlerhaft. Auch Schwierigkeiten in der Sprechfunkkommunikation trugen zum Unglück bei. Der zum Unglückszeitpunkt bewölkte Himmel erschwerte das Auffinden der nur wenige Meter über dem Meer liegenden, winzigen Insel weiter. Der größte Fehler bestand allerdings darin, dass die Funkpeilsysteme des

Lagune der Insel „Gardner Island" (Nikumaroro)

Flugzeugs und der SS Itasca nicht aufeinander abgestimmt waren und die Flugzeugbesatzung mit dem System kaum vertraut war."

„Wikipedia" zufolge erscheint die Annahme, das Flugzeug mitsamt Besatzung sei in den Pazifik gestürzt, am naheliegendsten. Dieser Theorie zufolge vermutet man, Amelia Earhart sei kurze Zeit nach ihrem letzten Funkspruch der Treibstoff ausgegangen und sie sei so sehr mit der Stabilisierung ihres Flugzeugs beschäftigt gewesen, dass sie kein „Mayday" mehr senden konnte. Bei späteren Notwasserungen der „Electra" beobachtete man, dass dieses Flugzeug wegen seiner schweren Triebwerke nur maximal zehn Minuten lang schwimmfähig war. Nach einer Landung auf dem Wasser funktionierte die Funkanlage nicht mehr. Wahrscheinlich liege die Unglücksmaschine in der Umgebung von Howland Island in einer Tiefe von etwa 5.000 Metern, hieß es.

Nicht in dieses Bild passen Hinweise, denen zufolge Amelia Earhart und ihr Begleiter Fred Noonan auf Gardner Island (seit 1979 Nikumaroro), einem unbewohnten Atoll, der Phoenix-Inseln notgelandet und dort kurze Zeit überleben haben sollen. Bereits eine Woche nach dem Verschwinden der Beiden wurden dort von einem Suchflugzeug des US-Schlachtschiffs „Colorado" Anzeichen auf ein kürzlich genutztes Biwak erspäht. Aber man nahm diese Beobachtung von Leutnant John O. Lambrecht nicht ernst, weil Gardner Island als nicht bewohnt galt. Zudem könnten Notfunksprüche während der ersten Tage nach dem Verschwinden von Earhart stammen.

Im Kriegsjahr 1940 betraten britische Soldaten die Insel Gardner Island. Sie stießen auf Teile eines unvollständig erhaltenen menschlichen Skeletts, eine leere Sextantenkiste (eventuell von Fred Noonan) und auf einen Frauenschuh (womöglich von Amelia Earhart). Man brachte die Skelettreste auf die Fidschi-Inseln und ließ sie dort von einem Arzt begutachten. Zunächst ordnete man die Skelettknochen einer männlichen Person zu. In der Folgezeit gingen diese Knochen verloren.

Amerikanische Flieger sollen 1944 auf einer einsamen Insel im Stillen Ozean angeblich eine Frau angetroffen haben, die ihren Namen nicht nannte und der verschollenen Amelia Earhart ähnlich sah. Nach einer weiteren Theorie sollen im Sommer 1945 amerikanische Besatzungssoldaten auf den Marshallinseln Hinweise dafür entdeckt haben, dass 1937 eine Fliegerin nahe der Ritainsel notgelandet und von den Japanern gefangengenommen worden sei.

Die „Internationale Gruppe zum Auffinden historischer Flugzeuge"(„The International Group of Historic Aircraft Recovery" = „Tighar") hat etliche Expeditionen unternommen, um das Wrack des Flugzeuges von Amelia Earhart zu suchen. Ric Gillespie, der „Direktor" der „Tighar", glaubt nicht, dass die Maschine von Amelia in den Pazifik gestürzt und dort versunken sei. Nach seiner Ansicht und derjenigen seiner Mitstreiter soll Amelia nahe an Howland Island vorbeigeflogen und die Positionslinie weiter in Richtung Süden verfolgt haben. Dort befinden sich noch die Atolle Baker, McKean und Gardner Island.

Ric Gillespie fand 1998 den Bericht über das 1940 auf Gardner Island entdeckte unvollständige Skelett, das man – wie erwähnt – einem Mann zuschrieb, in London. An der „University of Georgia" in den USA zog die Kochenspezialistin Karen Ramey Burns anhand der Messdaten in diesem Bericht den Schluss, die Knochen stammten von einer Frau nordeuropäischer Herkunft im Alter und mit dem Gewicht von Amelia Earhart.

Bei einer „Tighar"-Expedition entdeckte man 2007 auf Gardner Island unter anderem Aluminiumblech und Acrylglas, das von der Unglücksmaschine „Lockheed Electra" stammen könnte. Außerdem fand man einen Frauenschuh aus den

1930-er Jahren der Marke „Cat's Paw", die Amelia trug, einen Männerschuh-Absatz, einen Reißverschluss, der von einer Fliegerjacke stammen könnte, den Spiegel einer Puder-dose, einige Knöpfe und einfache Werkzeuge. Auf dem Aluminiumblech und Plexiglas fehlen Seriennummern, die man eindeutig der „Lockheed Electra" von Earhart zuordnen könnte.

2010 wurde man bei Ausgrabungen auf Gardner Island erneut fündig. Man entdeckte altes Make-up, Glasflaschen und Muschelschalen. Dort, wo man 1940 das unvollständige, inzwischen verschollene menschliche Skelett geborgen hatte, stieß man auf Knochenfragmente, die von einem Wirbel und einem Finger stammen könnten. Bedauerlicherweise war kein DNA-Vergleich dieser Knochenfragmente möglich. Es erwies sich sogar als unmöglich, sicher festzustellen, ob die Knochenfragmente tatsächlich menschlicher Natur waren.

Bei „Tighar" glaubt man, weitere Teile dieses Skeletts oder der Ausrüstung könnten von einer fußballgroßen Krebsart namens Palmendiebe oder anderen Tieren zerlegt und weggetragen worden sein und man könne diese vielleicht noch in Umgebung der Fundstelle finden. Dass man das Flugzeugwrack nicht entdeckte, erklärte „Tighar" damit, dieses sei nach einer Notwasserung vor der Küste des Atolls nach einigen Tagen durch die Strömung über das Korallenriff gezogen worden. Der Meeresboden fällt dort steil auf mehrere hundert Meter ab.

Ende Mai 2012 stießen Archäologen auf Gardner Island nahe des völlig zugewachsenen vermeintlichen Lagerplatzes von Amelia Earthart auf neue Hinweise. Zum Fundgut gehören Korallen, Flaschen, zwei Messer und Scherben eines Glastiegels. Wegen der Größe und ungewöhnlichen Form des ehemaligen Glastiegels vermutet man, dieser habe als Behältnis für eine Creme namens „Dr. Berry's Freeckle Ointment" gegen Sommersprossen gedient. Amelia mochte ihre Sommersprossen nicht.

Bei einer Expedition von „Tighar" im Juli 2012 sucht man mit einem Roboter-U-Boot den Meeresboden nach Wrackteilen ab. Die Kosten für diese Expedition beliefen sich auf rund zwei Millionen US-Dollar. Doch Teile der Unglücksmaschine von Earhart wurden nicht entdeckt. Ric Gillespie erklärte allerdings, ein Experte habe bei der Auswertung von Bildmaterial ein eventuelles Trümmerfeld identifiziert. Laut „Wikipedia" spricht gegen diese Theorie, dass auf Gardner Island keine weiteren Funde der Ausrüstung oder des Flugzeugwracks vorliegen. Und dies, obwohl diese Insel seit 1937 regelmäßig besucht wurde und sich dort während des Zweiten Weltkrieges (1939–1945) eine Fernmeldebasis der US-Navy befand und Gardner Island bis 1963 dauerhaft besiedelt war. Dort geborgene Wrackteile lassen sich größtenteils Kampfflugzeugen zuordnen. Kein Teil stamme mit Sicherheit von Earharts Flugzeugtyp. Es sei auch gar nicht klar, ob der an Bord der „Lockheed Electra" befindliche Treibstoff überhaupt bis Gardner Island ausgereicht hätte.

Nach einer besonders phantasievollen Deutung sollen Amelia Earhart und Fred Noonan sich während ihres Fluges verliebt und ihr Verschwinden inszeniert haben, um glücklich auf einer einsamen Insel leben zu können. Andererseits hieß es auch, Earhart sei in die USA zurückgekehrt und habe dort als einfache Hausfrau gelebt.

Amelia Earharts Ehemann George P. Putnam gab noch im Unglücksjahr 1937 ungeachtet seiner Trauer über den Tod seiner Ehefrau das Buch „Last Flight" mit Berichten von Amelia über die Etappen ihres letzten Fluges heraus. 1939 folgte die von Putnam verfasste Biographie „Soaring Wings" mit Tagebucheinträgen von Amelia. Das abenteuerliche Leben von Amalia Earhart bot auch anderen Autoren reichlich Stoff für Bücher, Filme, Fernsehproduktionen und Musikstücke.

1994 wurde der Fernsehfilm „Amelia Earhart – Der letzte Flug von Yves Simoneau mit Diane Keaton erstmals gesendet. 1996 folgte der Fernsehfilm „Amelia Earhart" von George Schaefer mit Susan Clarc als Titelheldin. Auch in der Fernsehserie „Star Trek: Raumschiff Voyager" kam Amelia zu filmischen Ehren. In der Episode „The 37's" (deutscher Titel: „Die 37er") aus wurden sie und ihr Navigator Fred Noonan von der Besatzung des Raumschiffs „U.S.S. Voyager NCC 74656" auf einem fremden Planeten in einer Stasiskapsel entdeckt. Jener Episode zufolge wurden die Beiden bei der Überquerung des Pazifiks von außerirdischen Sklavenhaltern namens Briori entführt und auf die andere Seite der Galaxis gebracht. Dargestellt wurd Amelia Earhart von der Schauspieler Sharon Lawrence. David Graf verkörperte die Rolle ihres Navigators Fred Noonan. Im Kinofilm „Nachts im Museum 2" (2009) mit Amy Adams erwachte die Wachsfigur von Amelia Earhart zum Leben. Ebenfalls 2009 kam in den USA die 110 Minuten lange Filmbiografie „Amelia" der indischen Regisseurin Mira Nair in die Kinos. Der Filmstart in Deutschland erfolgte im Juni 2009. Hilary Swank verkörperte Amelia Earhart, Richard Gere ihren Ehemann und Ewan McGregor ihren Geliebten Gene Vidal.

Das Online-Lexikon „Wikipedia" erwähnte 2012 etliche Musikstücke, in denen Amelia Earhart eine Rolle spielt. Joni Mitchell beispielsweise nannte ihr Stück „Amelia" nach ihr. Ian Matthew's Folk-Band „Plainsong" nahm das Album „In Search of Amelia Earhart" auf. Heather Nove brachte den Song „I Miss My Sky" über Amelia heraus. Die kanadische Rockgruppe „Bachman Turner Overdrive" gab einem ihrer Songs den Titel „Amelia Earhart". Der Song „Someday we'll know" der US-Rockband „New Radicals" enthält die Zeile „Whatever happened to Amalia Earhart ...". Mary Black sang in ihrem Lied „No frontiers" den Satz „And your heart is Amelia, dying to fly".

Jacqueline („Jackie") Cochran (1906–1908)

Die berühmte amerikanische Fliegerin Jacqueline („Jackie") Cochran (1906–1908) sagte über Amelia Earhart: „Wenn ihr Flug in die Ewigkeit geführt hat, kann man ihren Verlust betrauern, aber ihren Versuch nicht bedauern. Amelia hat nicht verloren, denn ihr letzter Flug ist endlos gewesen. Wie bei einem Staffellauf des Fortschritts hat sie die Fackel lediglich anderen übergeben, die sie zum nächsten Ziel und von dort bis in alle Ewigkeit weitertragen werden."
Von „Women in Aviation International" wurde Amelia Earhart 2003 als eine der 100 wichtigsten Frauen in der Luftfahrt geehrt. In ihrem Geburtsort Atchinson (Kansas) erinnern das „Amelia Earhart Birthplace Museum" unweit des Missouri und alljährlich im Juli das „Amelia Earhart Festival" an die legendäre amerikanische Fliegerheldin. In Atchinson war sie als Kind über eine Wiese gelaufen und hatte sich beim Anblick eines Flugzeuges geschworen, fliegen lernen zu wollen.

Leistungen von Amelia Earhart

1922: Frauen-Höhenrekord: 4.267 Meter (14.000 Fuß)
1928: Erster Flug einer Frau über den Atlantik (als Passagierin)
1928: Veröffentlichung des Buches „20 Hours 40 Minutes"
1929: Dritter Platz im „First Women's Air Derby", genannt „Puderquastenrennen"
1929: Wahl zur Funktionärin der „National Aeronautic Association". Sie inspiriert die „Federation Aeronautique Internationale" („FAI") dazu, separate Höhen-, Geschwindigkeits- und Ausdauerrekorde für Frauen einzuführen.
1930: Frauen-Geschwindigkeitsrekord für 100 Kilometer ohne Ladung und mit 500 Kilogramm Ladung
1930: Vizepräsidentin einer neuen Luftfahrtsgesellschaft, der „New York, Philadelphia and Washington Airways"
1931: Frauen-Autogiro-Höhenrekord: 5.613 Meter (18.415 Fuß).
1931 bis 1933: Präsidentin der „Ninety Nines"
1932: Erster Alleinflug einer Frau über den Atlantik in 14 Stunden 56 Minuten
1932: Erster Solo-Transkontinentalflug einer Frau in 19 Stunden 5 Minuten
1933: Neuer Frauen-Geschwindigkeitsrekord im Transkontinentalflug (17 Stunden 7 Minuten)
1935: Erster Alleinflug über den Pazifik von Honolulu (Hawaii) nach Oakland (Kalifornien)
1935: Erster Alleinflug von Los Angeles nach Mexiko-City (13 Stunden 23 Minuten)

1935: Erster Alleinflug von Mexiko-City nach Newark (New Jersey, USA) (14 Stunden 19 Minuten)
1937: Erster Flug vom Roten Meer nach Indien (im Rahmen ihrer Weltumquerung)

Zitate von Amelia Earhart

Frauen müssen Dinge verstehen,
wie es die Männer auch gemacht haben.
Wenn sie versagen,
sollte dieses Versagen von Anderen als Herausforderung
genommen werden.

Frauen müssen wir alles bezahlen.
Sie bekommen mehr Ehre
für vergleichbare Heldentaten als Männer,
aber sie bekommen auch schneller einen schlechten Ruf,
wenn etwas fehlschlägt.

Ich musste einfach fliegen.

Mut ist der Preis,
den das Leben verlangt,
wenn es Frieden mit dir schließen soll.

Daten und Fakten aus der Luftfahrt

4. Juni 1784: Die französische Opernsängerin Elisabeth Thible, nach anderer Schreibweise auch Tible, fliegt in Lyon als erste Frau in einem Heißluftballon (Montgolfière) mit.

10. November 1798: Die Französin Jeanne Labrosse (1775–1845), die Ehefrau des Luftakrobaten André-Jacques Garnerin (1769–1823), unternimmt als erste Frau selbstständig einen Flug in einem Ballon.

12. Oktober 1799: Jeanne Labrosse wagt als erste Frau der Welt aus einer Höhe von rund 900 Metern einen Fallschirmsprung.

7. Juli 1819: Die erste professionelle Luftschifferin Frankreichs, Madeleine Sophie Blanchard (1778–1819), kommt in Paris bei einer Ballonfahrt als erste Frau beim Fliegen ums Leben.

Um 1850: Die französische Fallschirmspringerin Rosalie Poitevin (1819–1908) stellt in Parma (Italien) mit einem Sprung aus rund 2.000 Metern einen Frauenrekord auf, der erst 1931 von der Deutschen Lola Schröter (1906–1953) überboten wird.

4. Juli 1880: Mary Hawley Myers (1849–1932) unternimmt in Little Falls (New York) als erste Amerikanerin einen Alleinflug mit einem Ballon.

19. Juli 1893: Käthe Paulus (1868–1935) unternimmt in Nürnberg (Bayern) zusammen mit ihrem Verlobten Hermann Lattemann (1852–1894) ihren ersten Ballonflug. Sie gilt als erste Luftschifferin in Deutschland.

1893: Die Luftschifferin Käthe Paulus wird in Elberfeld bei Wuppertal die erste deutsche Fallschirmspringerin.

9. Juli 1903: Die Amerikanerin Aida de Acosta (1884–1962) unternimmt in Paris als erste Frau einen Alleinflug in einem lenkbaren Luftschiff.

1906: Die Amerikanerin E. Lillian Todd (1865–1937) entwirft und baut als erste Frau ein Flugzeug, das allerdings nie fliegt.

8. Juli 1908: Die französische Bildhauerin Therésè Peltier (1873–1926) unternimmt in Turin (Italien) an Bord eines Doppeldeckers zusammen mit dem französischen Piloten Léon Delagrange (1873–1910) den ersten Flug mit einem weiblichem Passagier.

7. Oktober 1908: Edith Berg fliegt als erste Amerikanerin in Le Mans (Frankreich) in einem Flugzeug mit. Sie ist eine Passagierin des amerikanischen Luftpioniers Wilbur Wright (1867–1912) und die Ehefrau von Hart O. Berg, des europäischen Agenten von Wright.

26. Oktober 1909: Die Französin Marie Marvingt (1875–1963) fliegt als erste Frau mit einem Ballon von Frankreich nach England.

8. März 1910: Die französische Schauspielerin Raymonde de Laroche (1844–1919) wird die erste Pilotin der Welt.

9. April 1910: Hélène Dutrieu (1877–1961) wird die erste Pilotin in Belgien.

19. April 1910: Hélène Dutrieu fliegt als erste Frau der Welt einen Passagier.

Sommer 1910: Hilda Hewlett (1864–1943) wird Mitbegründerin der ersten Flugschule in England.

2. September 1910 (oder 6. September oder Mitte Oktober): Blanche Stuart Scott (1889–1970) wird angeblich die erste amerikanische Pilotin. Ihr Flug wird von der „Aeronautical Society of America" nicht anerkannt, weil er zufällig erfolgt.

16. September 1910: Bessica Medlar Raiche (1875–1932) wird angeblich die erste amerikanische Pilotin.

8. November 1910: Marie Marvingt wird die dritte Frau mit Pilotenlizenz in Frankreich.

1. August 1911: Harriet Quimby (1875–1912) wird die erste Amerikanerin mit Pilotenlizenz.

10. August 1911 (4. September 1911) : Lidija Swerewa (1890–1916) wird die erste Pilotin in Russland.

17. August 1911: Matilde Moissant (1878–1964) wird die zweite Amerikanerin mit Pilotenlizenz.

29. August 1911: Hilda Hewlett wird erste Britin mit Pilotenlizenz.

4. September 1911: Harriet Quimby unternimmt als erste Frau einen Nachtflug.

13. September 1911: Melli Beese-Boutard (1886–1925) legt als erste Deutsche die Pilotenprüfung ab.

10. Oktober 1911: Beatrix de Rijk (1883–1958) wird eine der ersten Pilotinnen in Holland.

Dezember 1911: Die Amerikanerinnen Harriet Quimby und Matilde Moisant (1878–1964) unternehmen als erste Pilotinnen einen Flug über Mexiko.

16. April 1912: Harriet Quimby überfliegt als erster weiblicher Pilot den Ärmelkanal (Englischer Kanal).

Juli 1912: Lilly Steinschneider (1891–1975) wird die erste Pilotin in Österreich-Ungarn.

2. September 1912: Die Französin Jeanne Pallier (1871–1939) fliegt bei ihrer Pilotenprüfung als erste Frau über Paris.

1912: Die Pilotin Ruth Law (1887–1970) fliegt als zweite Amerikanerin bei Nacht.

21. November 1912: Die russische Pilotin Ljuba Galanschikoff (1884–1968) stellt einen Höhenweltrekord für Frauen auf. Sie erreicht mit einem geliehenen Fokker-Eindecker eine Höhe von 2.000 Metern.

5. Januar 1913: Rosina Ferrario (1888–1959) wird die erste Pilotin in Italien, die vor dem Ersten Weltkrieg eine Fluglizenz erhält,

31. Juli 1913: Die amerikanische Pilotin Alys McKey („Tiny") Bryant (1880–1954) unternimmt in Vancouver den ersten Flug einer Frau in Kanada. Ihre Flüge in Kanada waren Teil des Unterhaltungsprogramms für den Prinzen von Wales und den Herzog von York, die Vancouver und Victoria be-suchen.

20. August 1913: Ljuba Galanschikoff unternimmt zusammen mit dem Piloten Léon Letort (1888–1913) den ersten Flug innerhalb eines Tages von Berlin nach Paris.

September 1913: Katherine Stinson (1891–1977) betätigt sich in Montana als erste Luftpostpilotin der USA.

1913: Hélène Dutrieu wird erstes weibliches Mitglied der „Pariser Luftwache" und schützt die französische Hauptstadt im Ersten Weltkrieg (1914–1918) vor Angriffen deutscher Flugzeuge und Militärluftschiffe.

19. Mai 1914: Die russische Pilotin Lydija Swerewa (1890–1916) fliegt in Riga (Litauen) als erste Frau einen Looping (Kunstflugfigur in senkrechter Kreisbahn).

6. Juni 1914: Else Haugk (geboren 1889) wird die erste Pilotin der Schweiz.

1914: Prinzessin Eugenie Michailowna Shakhovskaya (1889–1920) wird die erste russische Militärpilotin. Sie unternimmt als Fähnrich im Dienste des Zaren etliche Aufklärungsflüge.

1915: Marjorie Stinson (1896–1975 und Katherine Stinson (1891–1977) betreiben mit ihrer Mutter Emma Beaver Stinson in Texas die erste von Frauen geleitete Flugschule.

17. Januar 1915: Ruth Law (1887–1970 wagt in Daytona Beach (Florida) als erste amerikanische Pilotin einen Looping. Katherine Stinson glückt dieses Kunststück am 18. Juli 1915 über dem Flugplatz „Cicero Field" in Chicago.

1915: Nahdeshda Degtera, deren Geburts- und Todesdatum unbekannt sind, ist die erste russische Pilotin, die bei einem Kampfeinsatz im Ersten Weltkrieg verwundet wird.

1916: Die Deutsche Käthe Paulus erfindet den zusammenlegbaren Fallschirm.

12. Juli 1919: Raymonde de Laroche stellt einen Höhenrekord für Frauen auf (4.800 Meter).

1919: Ruth Law befördert als erster Flieger Luftpost zu den Philippinen.

30. Mai 1920: Elsa Andersson (1897–1922) wird die erste schwedische Pilotin.

15. August 1920: Die amerikanische Pilotin Laura Bromwell (1899–1920) fliegt 87 Loopings und schafft damit einen Weltrekord.

1. April 1921: Die französische Pilotin Adrienne Bolland (1896–1975) fliegt als erste Frau über die Anden.

Mai 1921: Laura Bromwell fliegt 199 Loopings und stellt damit einen neuen Weltrekord auf.

15. Juni 1921: Die schwarze Amerikanerin Bessie Coleman (1893–1926) erhält in Frankreich ihre Fluglizenz und wird die erste afro-amerikanische Pilotin.

2. Oktober 1921: Elsa Andersson ist nach einem Absprung in Kristianstad die erste schwedische Fallschirmspringerin.

8. April 1922: Teresa de Marzo (1903–1986) wird die erste Pilotin in Brasilien.

1922: Tadashi Hyodo (1899–1980) wird die erste Pilotin in Japan.

3. September 1922: Bessie Coleman unternimmt den ersten öffentlichen Flug einer afro-amerikanischen Pilotin in den

USA. Dabei springt der farbige Stuntman Hubert Fauntleroy Julian mit einem Fallschirm ab.

Oktober 1922: Lillian Gatlin aus Santa Ana (Kalifornien) wird die erste Passagierin bei einem Flug über Amerika. Sie reist von San Francisco (Kalifornien) nach Mineola (New York). Der 2.680 Meilen-Nonstop-Flug dauert 27 Stunden 11 Minuten.

1925: Thea Rasche (1899–1971) wird erste Deutsche mit Kunstflugschein.

1925: Kwon Ki-ok (1901–1988) wird die erste Pilotin aus Korea.

1925: Lady Mary Heath (1896–1939) erhält als erste Frau in Großbritannien eine kommerzielle Fluglizenz.

28. März 1927: Millicent Maude Bryant (1878–1927) wird die erste Pilotin in Australien.

Mai 1927: Lady Mary Heath stellt mit 17.000 Fuß (umgerechnet 5.100 Meter) einen Höhen-Weltrekord für Leichtflugzeuge auf.

September 1927: Elinor Smith wird im Alter von 16 Jahren die damals jüngste Pilotin der USA.

1927: Phoebe Fairgrave Omlie (1902–1975) wird die erste von der „Civil Aeronautics Administration" („CAA") zugelassene Flugzeugmechanikerin der USA.

1927: Lady Mary Heath unternimmt als erste Frau einen Alleinflug von Südafrika nach England.

1927: Die irische Pilotin Mary Bayley (1890–1960) fliegt als erste Frau über die Irische See.

Oktober 1927: Die Amerikanerin Ruth Elder (1902–1977) scheitert beim Versuch einer Atlantiküberquerung von England nach Amerika.

Ende August 1927: Prinzessin Anne Löwenstein-Wertheim (1864–1927) scheitert beim Versuch einer Atlantiküberquerung von England nach Amerika und kommt dabei ums Leben.

Januar 1928: Ruth Rowland Nichols (1901–1960) unternimmt zusammen mit dem Piloten Harry Rogers den ersten Nonstop-Flug von New York nach Miami (Florida).

17. und 18. Juni 1928: Die amerikanische Fliegerin Amelia Earhart (1897–1937) fliegt zusammen mit dem Piloten Wilmer Stultz (1899–1929) und dem Mechaniker Louis Gordon von New York nach Paris. Sie ist die erste Frau, die an Bord eines Flugzeuges den Atlantik überquert.

27. Juli 1928. Lady Mary Heath fliegt als erste Frau der Welt ein Passagierflugzeug. Der Start erfolgt in Amsterdam (Niederlande), die Landung in Croydon (Großbritannien).

1928: Maryse Bastié (1898–1952) erwirbt als erste Französin den Führerschein für Passagierflugzeuge.

1928: Die deutsche Pilotin Marga von Etzdorf (1907–1933) wird erste Kopilotin der „Deutschen Luft Hansa".

1928: Die irische Pilotin Mary Heath fliegt als erste Frau allein vom „Kap der Guten Hoffnung" (Südafrika) nach Kairo (Ägypten).

1928: Die amerikanische Pilotin Phoebe Fairgrave Omlie fliegt als erste Frau mit einem Leichtflugzeug über die Rocky Mountains.

Oktober 1928: Die deutsche Pilotin Erika Naumann stellt zusammen mit dem schweizerischen Fliegerhauptmann Wirth bei einem Flug von Böblingen (Süddeutschland) nach Wilna (Litauen) einen Weltrekord auf. Die Flugstrecke beträgt 1.305 Kilometer.

17. Dezember 1928: Die amerikanische Pilotin Marjorie Stinson wird bei der Gründungsversammlung der „Early Birds" in Chicago das erste weibliche Mitglied. Bedingung für die Aufnahme bei den „Early Birds" ist für Amerikaner, dass sie bereits vor dem Eintritt der USA in den Ersten Weltkrieg am 17. Dezember 1916 erstmals allein geflogen sind. Für Piloten aus Europa gilt der 4. August 1914 als Stichtag für die Aufnahme bei den „Early Birds".

1928/1929: Mary Bailey (1890–1960) fliegt als erste Frau allein von England nach Südafrika und wieder zurück. Hinflug vom 9. März bis 30. April 1928, Rückflug vom September 1928 bis 16. Januar 1929.

2. Januar 1929: Evelyn („Bobby") Trout unternimmt in Los Angeles (Kalifornien) als erste Frau einen Ganze-Nacht-Flug, der 12 Stunden 11 Minuten dauert.

1929: Florence „Pancho" Barnes (1901–1975) wird die erste amerikanische Stuntpilotin. Sie wirkt in dem Film „Hells Angels" mit, der 1929 in die Kinos kommt.

1929: Phoebe Fairgrave Omlie wird die erste amerikanische Transportpilotin.

1929: Ilse Esser (1898–1994) promoviert als erste Deutsche in Luftfahrttechnik.

August 1929: Die britische Reporterin Grace Marguerite Hay Drummond-Hay (1895–1946) fliegt als erste Frau mit einem Luftschiff um die Welt. Der Flug erfolgt im deutschen Luftschiff „LZ-127 Zeppelin".

18. bis 26. August 1929: Die amerikanische Pilotin Louise Thaden (1905–1979) gewinnt das erste „Cleveland Women's Air Derby", den ersten Überlandflug-Wettbewerb für Pilotinnen, der scherzhaft als „Powder-Puff-Derby" bezeichnet wird. Der Start erfolgt in Santa Monica (Kalifornien), Ziel ist Cleveland (Ohio), gesamte Flugstrecke mehr als 2.700 Meilen (rund 4.500 Kilometer). Zweite wird Gladys O'Donnel, Dritte Amelia Earhart. Beim legendären „Powder-Puff-Derby" gehen ingesamt 20 Pilotinnen an den Start, von denen 18 aus den USA stammen: Florence („Pancho") Barnes, Marvel Crosson, Amelia Earhart, Ruth Elder, Claire Fahy, Edith Foltz, Mary Haizlip, Jessie Keith-Miller (Australien), Opal Kunz, Ruth Nichols, Gladys O'Donnell, Phoebe Omlie, Neva Paris, Margaret Penny, Thea Rasche (Deutschland), Louise Thaden, Bobbi Trout, Mary von Mach und Vera Dawn Walker. Davon erreichen 13 Frauen das Ziel. Den scherzhaften Begriff „Powder-Puff-Derby" („Puderquastenrennen") hat der Komiker Will Rogers (1879–1935) geprägt. Er beruht auf dem Kosmetik-Utensil, mit dem sich die Pilotinnen nach den Landungen puderten.

2. November 1929: Amelia Earhart gründet zusammen mit vier anderen bekannten Pilotinnen auf dem Flugplatz „Curtiss Field" in Valley Stream, Long Island (New York), den „Club der Neunundneunzig" („Ninety Nines"), der die Stellung der Frauen in der Luftfahrt stärken soll. Einen solchen Club hatte

Clara Trenckman Studer, eine flugbegeisterte Assistentin und Helferin ohne Pilotenschein, angeregt. Die Einladung zur Gründungsversammlung war am 9. Oktober 1929 an 117 Pilotinnen in den USA verschickt und von Fay Gillis, Margorie Brown, Frances Harrel und Neva Paris unterzeichnet worden. Zur Gründungsversammlung kommen 26 Pilotinnen nach Valley Stream, nur vier davon mit dem Flugzeug, die anderen wegen schlechten Wetters mit dem Zug. Ein zweites Treffen erfolgt am 14. Dezember 1929 in New York City. Dabei macht Jean Davis Hoyt (gestorben 1988) den Vorschlag, den Club nach der Zahl der Frauen in den USA zu benennen, die einen Pilotenschein besitzen und Interesse an der Gründung des Clubs zeigen. Neva Paris soll die Wahl einer Präsidentin koordinieren, doch sie kommt Anfang 1930 bei einem Flugzeugabsturz ums Leben. Louise Thaden fungiert als „provisorische Präsidentin" des Clubs. Bald gehörten 99 Fliegerinnen zum Club und dessen Name steht fest. 1931 wird Amelia Earhart zur Präsidentin gewählt und bleibt dies bis 1933. „Ninety Nines" behauptet sich bis heute und zählt derzeit weltweit mehr als 20.000 Mitglieder.

November 1929: Die amerikanischen Pilotinnen Evelyn („Bobby") Trout (1906–2003) und Elinor Smith (geb. 1911) unternehmen den ersten Frauenflug mit Luftbetankung.

Dezember 1929: Amy Johnson (1903–1941) wird die erste Flugzeugmechanikerin in Großbritannien.

5. bis 24. Mai 1930: Die britische Pilotin Amy Johnson-Mollisson (1903–1941) fliegt als erste Frau allein von England nach Australien.

1930: Die britische Fliegerin Beryl Markham (1902–1986) wird die erste Berufspilotin Afrikas.

1930: Anne Morrow Lindbergh (1906–2001) wird die erste Segelfliegerin der USA.

6. März 1931: Ruth Rowland Nichols stellt mit 8.760,9 Metern einen Höhen-Weltrekord für Frauen auf.

13. April 1931: Ruth Rowland Nichols stellt mit 339,1 Stundenkilometern einen Geschwindigkeits-Weltrekord für Frauen auf.

1931: Leyla Mammadbeyova (1909–1989) wird die erste Pilotin in Aserbaidschan.

Juni 1931: Ruth Rowland Nichols scheitert beim Atlantiküberflug.

18. bis 29. August 1931: Die deutsche Pilotin Marga von Etzdorf (1907–1933) fliegt allein von Berlin nach Tokio.

1931: Pauline Mary Gower (1910–1947) betreibt den ersten Lufttaxidienst in Großbritannien.

1931: Die deutsche Pilotin Vera von Bissing (1906–2002) beherrscht als einzige Frau den Looping nach vorn.

1931: Die deutsche Fallschirmspringerin Lola Schröter (1906–1953) stellt mit einem Sprung aus 6.000 Metern Höhe einen Frauenrekord auf.

Oktober 1931: Hazel Ying Lee (1912–1944) erhält als eine der ersten chinesisch-amerikanischen Frauen eine Fluglizenz.

4. Dezember 1931: Die deutsche Fliegerin Elly Beinhorn (1907–2007) startet zu einem erfolgreichen Weltflug. Sie ist

die erste Frau, die alle fünf Erdteile mit dem Flugzeug überfliegt.

26. Dezember 1931: Die australische Pilotin Maude Rose „Lores" Bonney (1897–1994) unternimmt den längsten Ein-Tages-Flug einer Frau von Brisbane nach Wangaratta (1.600 Kilometer).

20. Mai 1932: Die amerikanische Fliegerin Amelia Earhart fliegt mit einem einmotorigen Flugzeug als erste Frau über den Atlantik. Sie startet in Harbor Grace (Neufundland) und landet unweit von Londonderry (Nordirland).

Mai 1932: Die deutsche Schauspielerin und Pilotin Antonie Strassmann (1901–1952) fliegt an Bord des Flugschiffes „Do-X" von den USA nach Deutschland. Sie ist die erste Europäerin, die als fliegender Passagier den Atlantik überquert.

August/September 1932: Maude Rose „Lores" Bonney fliegt als erste Frau um Australien.

5. September 1932: Die amerikanische Pilotin Mary Haizlip (1910–1997) stellt in Cleveland (Ohio) mit 405,92 Stundenkilometern einen Geschwindigkeitsrekord für Frauen auf.

1932: Die Chinesin Katherine Cheung (1904–2003) wird die erste Asiatin mit Pilotenlizenz in den USA.

1932: Ruthy Tu (gestorben 1969) wird die erste Pilotin in der Chinesischen Armee.

1932: Die deutsche Pilotin Rosl Richter und ihr Ehemann unternehmen mit einem Leichtflugzeug einen Weltflug.

1932: Der Fallschirmspringerin Lola Schröter gelingt ein Rekordsprung aus 7.300 Metern Höhe.

1932: Luise Hoffmann (1910–1935) wird erste Werkspilotin in Deutschland.

1932: Phoebe Fairgrave Omlie wird die erste Regierungsbeamtin für Luftfahrt in den USA.

1932: Fay Gillis Wells (1908–2002) fliegt als erste Amerikanerin ein sowjetisches Zivilflugzeug.

10. bis 21. April 1933: Maude Rose „Lores" Bonney fliegt mit einer Maschine des Typs „Gipsy Moth" namens „My little Ship" als erste Frau von Australien nach England (Start in Brisbane, Landung in London. Flugstrecke rund 20.000 Kilometer).

1933: Freda Thompson (1909–1980) wird die erste Fluglehrerin in Australien.

1934: Die Französin Maryse Bastie (1898–1952) fliegt als erste Frau von Paris nach Tokio und zurück.

28. Januar bis 25. April 1934: Die Amerikanerin Laura Ingalls (1901–1967) unternimmt als erste Frau einen Alleinflug von Nordamerika nach Südamerika.

21. März 1934: Laura Ingalls fliegt als erste Amerikanerin über die Anden.

Mai 1934: Die Neuseeländerin Jean Batten (1909–1982) unternimmt als erste Frau einen Flug von England nach Australien und zurück.

28. September bis 6. November 1934: Die australische Pilotin Freda Thompson unternimmt den ersten Alleinflug einer Frau von England nach Australien. Während dieser 39 Tage langen Flugreise muss sie 20 Tage auf ein Ersatzteil warten.

23. Oktober 1934: Die amerikanische Ballonfahrerin Jeannette Piccard (1895–1981) fliegt als erste Frau in die Stratosphäre: Sie steigt zusammen mit ihrem Ehemann Jean-Felix Picard (1884–1963) über dem Erisee in eine Höhe von 17.550 Metern auf.

31. Dezember 1934: Die Amerikanerin Helen Richey (1909–1947) wird die erste Pilotin bei einer planmäßigen Airline („Central Airlines").

Anfang 1935: Der amerikanischen Fliegerin Amelia Earhart glückt der erste Flug von Hawaii zum amerikanischen Festland. Diese Route ist länger als die Strecke von den USA nach Europa.

April 1935: Liesel Zangenmeister stellt in Rossitten (Ostpreußen) mit 12 Stunden 57 Minuten einen Dauer-Weltrekord im Segelflug auf.

1935: Amelia Earhart unternimmt als Erste einen Alleinflug von Los Angeles (Kalifornien) nach Mexico City (Mexiko), Flugzeit 13 Stunden 23 Minuten.

1935: Amelia Earhart unternimmt als Erste einen Alleinflug von Mexico City nach Newark, Flugzeit 14 Stunden 19 Minuten.

Ende 1935: Jean Batten fliegt als erste Frau von England nach Südamerika (Brasilien), Flugstrecke rund 5.000 Meilen (umgerechnet 8.000 Kilometer), Flugzeit 61 Stunden 15 Minuten

1936: Katarina Matanovic-Kulenovic (1913–2003) wird die erste kroatische Pilotin.

4. September 1936: Louise Thaden (1905–1979) und Blanche Noyes (1900–1981) besiegen als erste Frauen bei einem Flugwettrennen („Bendix Trophy Race") männliche Piloten. Sie fliegen sie von New York City nach Los Angeles in 14 Stunden 55 Minuten und stellen damit einen Weltrekord auf.

4./5. September 1936: Die englische Pilotin Beryl Markham (1902–1986) fliegt als erste Frau allein von London (England) über den Atlantik nach Nova Scotia (Kanada).

1936: Jean Batten fliegt als erste Frau über den Südatlantik.

1936: Laura Ingalls fliegt als erste Frau nonstop von der Ostküste zur Westküste der USA.

März 1937: Jean Burns wird im Alter von 17 Jahren die jüngste Pilotin in Australien.

17. Mai 1937: Die deutsche Fliegerin Hanna Reitsch (1912–1979) wird als erste Frau der Welt ehrenhalber zum Flugkapitän ernannt. Dieser Titel war sonst Flugzeugführern der „Deutschen Lufthansa" vorbehalten.

Mai 1937: Hanna Reitsch überquert als erste Pilotin der Welt im Segelflug die Alpen.

Juni 1937: Die deutsche Pilotin Eva Schmidt (1914–1945) erreicht eine Weltbestleistung im Segelflug-Streckenflug für

Frauen vom Hornberg (Schwäbische Alb) nach Plauen im Vogtland (Sachsen) und einen Dauerflug-Rekord von 14 Stunden.

Juni 1937: Inge Wetzel stellt in Rossitten (Ostpreußen) mit 18 1/2 Stunden einen Segelflug-Weltrekord im Dauerflug auf, wird aber bereits im Juli 1937 von Feodora Schmidt übertroffen.

1937: Amelia Earhart fliegt – im Rahmen ihrer Erdumrundung – als Erste vom Roten Meer nach Indien.

2. Juli 1937: Amelia Earhart und ihr Navigator Fred Noonan (1893–1937) kehren von ihrer geplanten spektakulären Erdumrundung nicht mehr zurück. Um das ungeklärte Verschwinden der Beiden im Pazifik ranken sich zahlreiche Legenden.

4. Juli 1937: Hanna Reitsch fliegt in Bremen als erste Frau einen Hubschrauber.

1937: Maude Rose „Lores" Bonney fliegt als erste Frau allein von Australien (Brisbane) nach Südafrika (Kapstadt), Flugstrecke 29.088 Kilometer.

1937: Sabiha Gökcen (1913–2001) wird die erste Kampfpilotin der Türkei. Sie fliegt Kampfeinsätze in Thrakien und in der Ägäis.

1937: Die deutsche Fliegerin Melitta Schenk Gräfin von Stauffenberg (1903–1945), geborene Melitta Schiller, besitzt als einzige Frau Deutschlands alle Flugzeugführerscheine für sämtliche Klassen von Motorflugzeugen und Segelflugzeugen sowie den Kunstflugschein.

1937: Die Argentinierin Susanna Ferrari Billinghurst (1914–1999) erwirbt als erste Frau in Südamerika einen kommerziellen Pilotenschein.

1937: Die russischen Pilotinnen Marina Raskowa (1912–1943) und Walentina Stepanowna Grisodubowa (1910–1993) stellen mit einem Nonstop-Flug über 1.443 Kilometer einen Frauenweltrekord auf.

1937: Die amerikanische Fliegerin Jacqueline Cochran (1906–1980) macht als erste Frau einen Blindflug (Instrumentenlandung).

28. Oktober 1937: Melitta Schenk Gräfin von Stauffenberg erhält – nach Hanna Reitsch – als zweite Frau der Welt den Titel „Flugkapitän".

Frühjahr 1938: Hanna Reitsch, die erste Frau mit Helikopter-Lizenz, unternimmt in der riesigen Berliner Deutschlandhalle mit einem Hubschrauber den ersten Hallenflug der Welt.

2. Juli 1938: Den russischen Pilotinnen Walentina Stepanowna Grisodubowa (1910–1993), Wera Lomako (geboren 1913), Polina Ossipenko (1907–1939) und Marina Raskowa (1912–1943) gelingt ein Weltrekord-Fernflug für Frauen von Sewastopol nach Archangelsk über 2.416 Kilometer.

24./25. September 1938: Marina Raskowa, Walentina Stepanowna Grisodubowa und Polina Ossipenko stellen mit einem 5.908,610 Kilometer langen Fernflug von Moskau nach Kerbi unweit des Ochotskischen Meeres einen Weltrekord für Frauen auf. Am 2. November 1938 erhalten sie für diesen Weltrekord-Fernflug als erste Frauen der sowjetischen Geschichte den Titel „Held der Sowjetunion".

1939: Willa Brown Chappell (1906–1992) wird die erste Afroamerikanerin mit kommerzieller Pilotenlizenz in den USA

1939/1940: Beate Köstlin (1919–2001), später Beate Uhse, wirkt als erste deutsche Stuntpilotin in den Filmen „D III 88" (1939) und „Achtung, Feind hört mit" (1940) mit.

1. Juli 1941: Die Amerikanerin Jacqueline Cochran überführt als erste Frau einen Bomber über den Atlantik.

Ab 1941: Marina Raskowa und sechs andere weibliche Offiziere organisieren drei nur aus Frauen bestehende sowjetische Fliegerregimenter. Am Ende der Ausbildung werden in Engels drei Regimenter aufgestellt: das 586. Jagdfliegerregiment mit „Jak-2", das 587. Tagbomberregiment mit „Pe-2"-Flugzeugen und das mit „U-2" ausgerüstete 588. Nachtbomberregiment („Nachthexen"). Kommandantinnen des 586. Jagdflieger-regiments sind: Lydia Litvak, Raisa Belyayeva, Tamara Pa-myatnykh, Raya Surnachevskaya, Marina Kuznetsova. Kom-mandantinnen des 587. Tagbomberregiments: Kladiya Fomicheva, Marina Raskowa, Nadeshda Fedutenko. Kom-mandantinnen des 588. Nachtbomberregiments: Yevodokya Bershanskaya, Yevgeniya Zhigulenko, Tatyana Makorova, Yevdokia Nosal, Nina Ulynenko.

Oktober 1942: Hanna Reitsch fliegt in Augsburg bei „Messerschmitt" das erste Raketenflugzeug der Welt.

21. März 1943: Cornelia Clark Fort (1919–1943) stirbt bei der Überführung einer Maschine des Typs „BT-13A" als erste Pilotin im Dienst der US-Army, als sie über Merkel, Taylor County (Texas), mit einem anderen Flugzeug zusammenstößt. An sie erinnert der 1945 nach ihr benannte „Cornelia Fort Airport" in Nashville (Tennessee).

14. Okober 1944: Die Amerikanerin Ann G. Baumgartner Carl (1918–2008) ist die erste Frau in einem Turbojet-Kampfflieger.

1948: Betty Skelton Frankman Erde (geboren 1926) wird die erste US-Meisterin in Luftakrobatik.

1949: Betty Skelton Frankman Erde stellt mit 7.853 Metern einen Höhenweltrekord für Frauen auf.

16. September 1950: Nancy Bird Walton (1915–2009) gründet die australische Pilotinnenorganisation „Australian Women Pilot's Association" („AWPA")

März 1951: Die deutsche Pilotin Liesel Bach (1905–1992) fliegt als erste Frau über den Himalaja.

1951: Betty Skelton Frankman Erde stellt mit 8.850 Metern einen weiteren Höhenweltrekord für Frauen auf.

April 1953: Iris Wittig (1928–1978) fliegt zusammen mit einem sowjetischen Instrukteur als einer der ersten Piloten in einer „MiG-15UTI", dem ersten Strahlflugzeug der „DDR".

4. Juni 1953: Die amerikanische Pilotin Jacqueline Cochran erreicht mit einem Düsenjäger des Typs „F-86 Sabre" eine Durchschnittsgeschwindigkeit von 1.042 Stundenkilometern und durchbricht dabei in Sturzflügen aus 14.000 Meter Höhe als erste Frau zwei Mal die Schallmauer.

August 1953: Die französische Fliegerin Jacqueline Auriol (1917–2000) durchbricht mit einem Düsenjäger des Typs „Mystère" mit einer Geschwindkeit von 1.195 Stundenkilometern als erste Europäerin die Schallmauer (Mach1).

1960-er Jahre: Jerrie Cobb besteht als erste Amerikanerin alle drei Tests für das von Jacqueline Cochran finanzierte Programm „Mercury 13". Mit diesem privat finanzierten Programm, das nicht Teil der Astronautenrekrutierung der „NASA" ist, will man beim Wettrennen im Weltraum mit der ersten Frau im All der Sowjetunion zuvorkommen. Der Name des Projektes beruht darauf, dass von den insgesamt 20 getesteten Frauen 13 die Tests bestehen: außer Jerrie Cobb später auch Myrte Cagle, Jan Dietrich, Marion Dietrich, Wally Funk, Janey Hart, Jean Hixson, Gene Nora Stumbough, Irene Leverton, Bernice Steadman, Sarah Ratley, Jerri Truhill und Rhea Woltman. Jerry Cobb, Rhea Hurle und Wally Funk unterziehen sich in Oklahoma City noch weiteren Tests und einer psychologischen Bewertung. Wenige Tage, bevor einige Frauen sich erweiterten Tests in Pensacola (Florida) in der „Naval School of Aviation Medicine" mit Militärausrüstung und Jets unterziehen sollen, erhalten sie ein Telegramm, in dem der Abbruch des Projekts mitgeteilt wird. Die Navy ist nicht bereit, ihr Equipment für ein inoffizielles Projekt bereitzustellen. Im Mai 2007 verleiht die „University of Wisconsin-Oshkosh" den damals noch acht lebenden Frauen von „Mercury 13" Ehrendoktortitel für ihren „Pioniergeist und die Anstrengungen bei der Weiterentwicklung der Frauenrechte".

16. Juni 1963: Die russische Kosmonautin Walentina Tereschkowa startet in Baikonur (Kasachstan) an Bord des Raumschiffes „Wostock VI" als erste Frau ins Weltall. Sie umkreist 49 Mal die Erde, bevor sie am 19. Juni 1963 in Novosivbirsk landet.

26. August 1963: Diana Barnato Walker (1918–2008) durchbricht als erste Britin die Schallmauer.

19. März bis 17. April 1964: Geraldine „Jerry" Mock fliegt als erste Amerikanerin erfolgreich um die Welt. Vor ihr hatte dies 1931 schon die deutsche Fliegerin Elly Beinhorn getan.Weil der Weltflug von Elly Beinhorn in den USA nicht allgemein bekannt ist, wird Geraldine „Jerry Mock" dort oft irrtümlich als Frau erwähnt, die als Erste um die Welt geflogen sein soll.

Juni 1966: Berta Zeron (1924–2000) wird die erste Frau in Mexiko mit einem kommerziellen Pilotenschein.

1966: Die britische Pilotin Sheila Scott (1927–1988) fliegt 50.000 Kilometer in 189 Flugstunden.

1967: Ursula Bühler-Hedinger (1943–2009) wird die erste schweizerische Linienpilotin und Jetpilotin.

28. März 1967: Fiorenza de Bernardi wird die erste Airline-Pilotin in Italien (nach eigenen Angaben die fünfte der Welt) und im selben Jahr in ihrem Heimatland auch der erste weibliche Flugkapitän.

1969: Turi Wideroe wird der erste weibliche Luftverkehrspilot bei einer großen Fluggesellschaft in Norwegen – bei „Scandinavian Airlines Systems" („SAS").

28. Juni 1971: Die amerikanische Pilotin Louise Sacchi (1913–1997) stellt bei einem Flug von New York nach London innerhalb von 17 Stunden 10 Minuten einen Geschwindigkeitsrekord auf.

1971: Sheila Scott fliegt bei einem Langstreckenflug über 50.000 Kilometer als erste Frau mit einem Leichtflugzeug über den Nordpol.

29. Januar 1973: Emily Howell Warner wird die erste Pilotin für eine kommerzielle Airline in den USA.

22. Februar 1974: Barbara Ann Rainey (1948–1982) wird die erste Pilotin der „United States Navy".

4. Juni 1974: Sally Murphy qualifiziert sich als erste Frau als Pilotin für die „United States Army".

1974: Die Italienerin Fiorenza di Bernardi wird die erste Gletscherpilotin der Welt.

1974: Die Amerikanerin Marry Barr wird die erste Pilotin in der Forstwirtschaft („United States Forest Service") der USA.

1974: Captain Leslie F. Kenne wird die erste Frau an der Testpilotenschule der US-Luftwaffe.

1974: Wally Funk wird die erste Inspektorin der Flugsicherung innerhalb der amerikanischen Verkehrsbehörde „National Transportation Safety Board" („NTSB") in Washington D.C. Die „NTSB" befasst sich mit der Aufklärung von Unglücksfällen im Transportwesen (Eisenbahnen, Luftfahrt, Schifffahrt, Pipelines und Autobahnen). Für die Luftfahrt entspricht der Aufgabenbereich der Bundesstelle für Flugunfalluntersuchung in Deutschland.

6. Juni 1976: Emily Howell Warner wird der erste weibliche Kapitän einer US-Airline.

Ende 1976: Die deutsche Pilotin Rita Maiburg (1951–1977) wird der erste und einzige weibliche Flugkapitän im regulären Liniendienst der westlichen Welt. Die Bulgarin Maria Atanasova kommandiert damals eine düsengetriebene Frachtmaschine, die Engländerin Yvonne Sintes ist Captain bei einer britischen Chartergesellschaft

1976: Rosemary Bryant Mariner fliegt als erste Frau ein leichtes Kampfflugzeug.

1978: Rhea Seddon (geb. 1947), Kathryn Sullivan (geb. 1951), Judith A. Resnik (1949–1986), Sally Kristen Ride (geb. 1951), Anna Lee Fisher (geb. 1949) und Shannon Lucid (geb. 1942) werden als erste Frauen in das Astronautencorps der „NASA" aufgenommen.

11. April 1980: Eleanor Conn unternimmt mit ihrem Ehemann Sidney Conn die erste Ballonfahrt über den Nordpol.

2. Juli 1980: Die Amerikanerin Lynn Rippelmeyer fliegt als erste Frau einen Jumbo-Jet „Boeing 747".

3. Dezember 1980: Die Amerikanerin Janice Brown unternimmt in der Nähe von Marana (Arizona) mit einem kleinen Solarflugzeug namens „Solar Challenger" den ersten Langstrecken-Solarflug (Flugstrecke 6 Meilen, Flugzeit 22 Minuten).

1980: Deborah Jane Lawrie wird die erste Pilotin bei einer australischen Fluggesellschaft.

14. Februar 1981: Neta Snook (1896–1991) ist mit 85 Jahren die älteste Pilotin der USA.

11. März 1981: Die Amerikanerin Doris Grove stellt mit 1.127,68 Kilometern einen Segelflug-Weltrekord auf.

17. Dezember 1982: Die amerikanische Pilotin Mary Haizlip (1910–1997) wird als erste Frau in der Luft- und Raumfahrt in

die „Oklahoma Aviation and Space Hall of Fame" aufgenommen.

18. Juni 1983: Die Astronautin Sally Kristen Ride fliegt als erste Amerikanerin im Weltall.

1983: Regula Eichenberger wird die erste Linienpilotin bei einer schweizerischen Airline („Crossair").

19. Juli 1984: Die amerikanische Pilotin Lynn Rippelmeyer fliegt als erster weiblicher Kapitän mit einer „Boeing 747" über den Atlantik. Der Start erfolgt in Newark, die Landung in London-Gatwick.

19. Juli 1984: Die amerikanische Pilotin Beverly Lynn Burns fliegt als erster weibliche Kapitän mit einer „Boeing 747" über die USA. Ihr historischer Flug mit einer Maschine der Fluggesellschaft „PEOPLExpress" führt von Newark nach Los Angeles.

25. Juli 1984: Die sowjetische Kosmonautin Swetlana Sawizkaja unternimmt als erste Frau einen Spaziergang im Weltall.

11. Oktober 1984: Die Astronautin Kathryn Dwyer Sullivan unternimmt als erste Amerikanerin einen Spaziergang im Weltall.

14. Dezember 1986: Die amerikanische Astronautin Jeana Yeaeger startet zusammen mit Dick Rutan mit einem Voyager-Flugzeug zur ersten Nonstop-Weltraumumrundung ohne Auftanken und Zwischenlanden. Sie fliegen in 9 Tagen 3 Minuten 44 Sekunden eine Strecke von insgesamt 42.120 Kilometern.

1989: Gaby Kennard fliegt als erste Australierin mit einem Flugzeug des Typs „Piper Saratoga" namens „Gerty" in 99 Tagen allein um die Welt.

1990: Allana Arnot (geb. 1967) fliegt als erste Australierin mit einem Hubschrauber um die Welt.

1990: Rosemary Bryant Mariner wird die erste Kommandantin einer operativen Fliegerstaffel in den USA.

Winter 1990: Rosella Bjornsön wird der erste weibliche Kapitän für eine kommerzielle Fluggesellschaft in Kanada.

14. Mai 1992: Die amerikanische Astronautin Kathryn Thornton unternimmt den längsten Spaziergang im Weltall. Er dauert 7 Stunden 44 Minuten.

12. bis 20. September 1992: Carol Mae Jemison fliegt mit der Raumfähre „Endeauvour" als erste afro-amerikanische Austronautin im Weltall.

1. Oktober 1992: Die Amerikanerin Victoria („Vicki") von Meter (1982–2008) erregt als jüngste Fliegerin der Welt großes Aufsehen. Sie steuert als Zehnjährige erstmals ein Flugzeug,

25. März 1993: Die Britin Barbara Hamer ist die erste Frau, die – als Erster Offizier und Kopilotin – mit einem kommerziellen Überschallflugzeug fliegt. Dies geschieht bei einem Flug mit „British Airways" auf der „Concorde" von London nach New York City.

20. bis 23. September 1993: Vicki van Meter überfliegt im Alter von elf Jahren die USA – von Augusta (Maine) nach San Diego (Kalifornien).

1993: Sarah Deal wird erster weiblicher Pilot des „United States Marine Corps".

21. April 1994: Jackie Parker qualifiziert sich als erste Pilotin für das F-16-Kampfflugzeug.

4. bis 7. Juni 1994: Vicki van Meter überfliegt im Alter von zwölf Jahren den Atlantik.

12. Juli 1994: Die elfjährige Amerikanerin Katrina Mumaw wird das „schnellste Kind der Welt": Sie bricht zusammen mit einem russischen Piloten in einem „MiG-29"-Kampfjet die Schallmauer.

1994: Kara Hultgreen wird die erste Kampfpilotin der US-Marine in einer „F-14 Tomcat".

3. Oktober 1994 bis 22. März 1995: Die Russin Elena Kondakowa, nach anderer Schreibweise Yelena Vladimirovna Kondakova, unternimmt den ersten Dauerflug einer Frau im Weltall.

3. bis 11. Februar 1995: Eileen Collins wird die erste amerikanische Raumfährenpilotin bzw. Shuttlepilotin.

1995: Martha McSally unternimmt bei der Operation „Southern Watch" als erste Pilotin der US-Luftwaffe (von Kuwait aus) Kontrollflüge in feindlichem Gebiet (Irak). Sie ist die erste Pilotin der „U.S. Air Force", die mit einem Militärflugzeug über Feindgebiet fliegt.

22. März bis 26. September 1996: Shannon Lucid wird mit einem 188 Tage langen Flug die Amerikanerin, die sich am längsten im Weltraum aufhält.

19. November 1997: Kalpana Chawla (1961–2003) unternimmt mit der amerikanischen Raumfähre „Columbia" als erste Inderin einen Flug im Weltall.

16. Dezember 1998: Kendra Williams, Leutnant bei der „United States Navy", bombardiert bei der Operation „Desert Fox" als erster weiblicher Kampfpilot der USA über dem Irak ein feindliches Ziel.

12. Januar 1999: Erstmals ist das Cockpit einer „Swissair"-Maschine ausschließlich mit Frauen besetzt: Kapitän Gabrielle Musy-Lüthi und Kopilotin Claudia Wehrli fliegen einen „Airbus A320" von Zürich-Kloten nach Paris.

23. bis 28. Juli 1999: Eileen Collins wird die erste Kommandantin einer amerikanischen Raumfähre („Space Shuttle").

Januar bis Mai 2001: Die Britin Polly Vacher unternimmt als erste Frau mit einem Kleinflugzeug („Piper PA-28 Cherokee Dakota G-FRGN") – über Australien – einen Flug um die Welt.

6. Mai 2003 bis 27. April 2004: Polly Vacher fliegt von Birmingham aus über den Nordpol, die Antarktis und alle Erdteile. Damit wird sie die erste Frau, die allein die Polarregionen überquert. Bei diesem Unternehmen fliegt sie auch innerhalb von 16 Stunden von Hawaii nach Kalifornien.

Um 2005: Hanadi Zakaria al-Hindi wird der erste weibliche Flugkapitän in Saudi-Arabien.

13. März 2006: Die amerikanische Pilotin Elizabeth A. Okoreeh-Baah fliegt als erste Frau ein senkrecht startendes „V-22 Osprey Tiltrotor"-Flugzeug.

2006: Nicole Malachowski wird als erste Frau bei den „Thunderbirds", einer Kunstflugstaffel der Luftstreitkräfte der USA, aufgenommen.

18. bis 29. September 2006: Die amerikanisch-iranische Multimillionärin Anoushe Ansari wird der erste weibliche Weltraumtourist, der erste weibliche Muslim und die erste Iranerin im Weltraum. Sie startet am 18. September 2006 mit einem Sojus-Raumschiff zur „Internationalen Raumstation" („ISS"), erreicht am 20. September die „ISS" und kehrt am 29. September 2006 mit „Sojus TMA-8" zur Erde zurück.

Literatur

EARHART, Amelia: 20 Hrs. 40 Min.: Our Flight in the Friendship, New York City 1928
EARHART, Amelia: The Fun of it, New York City 1932
EARHART, Amelia: Last Flight, New York City 1937
GERSTE, Ronald D.: Sie war alles in einem: Pionierin der Luftfahrt, Pazifistin, Frauenrechtlerin: Amelia Earhart. Als erste Frau überquerte sie 1932 – fünf Jahre nach Charles Lindberghs Triumph – mit ihrer roten Lockhead „Vega" den Atlantik. Vor 60 Jahren ist sie, eine der populärsten Frauen Amerikas, bei einem Flug über dem Pazifik verschollen. Ein Mythos war geboren. Eine tollkühne Vagabundin der Lüfte. Fliegen als Waffe gegen die Diskriminierung der Frauen. Die Zeit, 25. Juli 1977, S. 68, Hamburg
HARGRAVE THE PIONEERS, Aviation and Aeromodelling – Interdependent Evolutions and Histories www.ctie.monash.edu.au
HOLDEN, Henry M. / GRIFFITH, Lori: Ladybirds II. The Continuing Story of American Women in Aviation, Mount Freedom 1994
KUROSWKI, Franz: Berühmte Fliegerinnen, Göttingen 1974
LEBOW, Eileen F.: Before Amelia. Women pilots in the early days of aviation, Dulles/Virginia 2003
MOOLMANN, Valerie: Frauen in der Luft, Amsterdam 1981
NINETY NINES www.ninety-nines.org
PFISTER, Gertrud: Fliegen – ihr Leben. Die ersten Pilotinnen, Berlin 1989
PROBST, Ernst: Königinnen der Lüfte in Amerika, München 2010
PROBST, Ernst: Königinnen der Lüfte von A bis Z, München 2010
PUTNAM, George Palmer: Soaring wings, New York City 1939

REBMANN, Jutta: Als Frau in die Luft ging. Die Geschichte der frühen Pilotinnen, Köln 2007
SCHULTE: Klaus L.: Das Earhart Mysterium, Köln 2008
THE EARLY BIRDS OF AVIATION http://earlyaviators.com
WIKIPEDIA (Online-Lexikon) http://wikipedia.org
WOMEN IN AVIATION HISTORY: http://wiai.org/information/history.html
WUNDERLICH, Dieter. Wagemutige Frauen. 16 Porträts aus drei Jahrhunderten, Regensburg 2004

Bildquellen

National Aeronautics and Space Administration (NASA): 1 (via Wikimedia Commons), Lizenz: gemeinfrei (Public domain)
Franklin B. Thompson / http://flickr.com/photos26653963@N00 / CC-BY2.0: 6 via Wikimedia Commons), lizensiert unter CreativeCommons-Lizenz by-2.0-de,
Madame / La Couturière Parisienne / http://www.marquise.de / CC-BY-SA2.0: 8 (via Wikimedia Commons), lizensiert unter Creative Commons-Lizenz by-sa-2.0-de, http://creativecommons.org/licenses/by-sa/2.0/legalcode
Bundesarchiv, Bild 102-10187 / CC-BY-SA: 12 (via Wikimedia Commons), lizensiert unter CreativeCommons-Lizenz by-sa-3.0-de, http://creativecommons.org/licenses/by-sa/3.0/de/legalcode
Reproduktion eines Familienporträts von George Palmer Putnam und Amelia Earhart aus den 1930-er Jahren: 16 (via Wikimedia Commons), Purdue University Archives
Les Chatfield from Brighton, England / http://www.flickr.com/people/61132483@N00 / CC-BY2.0: 20 (via Wikimedia Commons), lizensiert unter CreativeCommons-Lizenz by-2.0-de, http://creativecommons.org/licenses/by/2.0/legalcode
Joann94024 at en.wikipedia (//en.wikipedia.org) / CC-BY-SA3.0: 24 (via Wikimedia Commons), lizensiert unter CreativeCommons-Lizenz by-sa-3.0-en, http://creativecommons.org/licenses/by-sa/3.0/legalcode
Angela K. Kepler: 26 (Wikimedia Commons), Lizenz: gemeinfrei (Public domain)
U.S. Air Force: 32 (via Wikimedia Commons), Lizenz: gemeinfrei (Public domain)
Klaus Benz, Fotograf, Mainz-Laubenheim: 73

Der Autor

Ernst Probst, geboren am 20. Januar 1946 in Neunburg vorm Wald im bayerischen Regierungsbezirk Oberpfalz, ist Journalist und Wissenschaftsautor. Er arbeitete von 1968 bis 1971 als Redakteur bei den „Nürnberger Nachrichten", von 1971 bis 1973 in der Zentralredaktion des „Ring Nordbayerischer Tageszeitungen" in Bayreuth und von 1973 bis 2001 bei der „Allgemeinen Zeitung", Mainz. In seiner Freizeit schrieb er Artikel für die „Frankfurter Allgemeine Zeitung", „Süddeutsche Zeitung", „Die Welt", „Frankfurter Rundschau", „Neue Zürcher Zeitung", „Tages-Anzeiger", Zürich, „Salzburger Nachrichten", „Die Zeit", „Rheinischer Merkur", „Deutsches Allgemeines Sonntagsblatt", „bild der wissenschaft", „kosmos", „Deutsche Presse-Agentur" (dpa), „Associated Press" (AP) und den „Deutschen Forschungsdienst" (df). Aus seiner Feder stammen die Bücher „Deutschland in der Urzeit" (1986), „Deutschland in der Steinzeit" (1991), „Rekorde der Urzeit" (1992), „Dinosaurier in Deutschland" (1993 zusammen mit Raymund Windolf) und „Deutschland in der Bronzezeit" (1996). Von 1986 bis heute veröffentlichte Ernst Probst mehr als 200 Bücher, Taschenbücher, Broschüren und E-Books.

E-Books über „Königinnen der Lüfte"

Aida de Acosta. Erster Alleinflug mit einem lenkbaren Luftschiff
Elsa Andersson. Die erste Pilotin aus Schweden
Jacqueline Auriol. Sie durchbrach als erste Europäerin die Schallmauer
Liesel Bach. Deutschlands erfolgreichste Kunstfliegerin
Pancho Barnes. Amerikas erste Stuntpilotin
Maryse Bastié. Die Fliegerin, die acht Weltrekorde brach
Jean Batten. Neuseelands berühmteste Pilotin
Melli Beese. Die erste Deutsche mit Pilotenlizenz
Elly Beinhorn. Deutschlands Meisterfliegerin
Vera von Bissing. Eine Kunstfliegerin der 1930-er Jahre
Sophie Blanchard. Die erste professionelle Luftschifferin
Adrienne Bolland. Die erste Frau, die über die Anden flog
Hèléne Boucher. Die französische „Wunderfliegerin"
Kalpana Chawla. Die erste Inderin im Weltall
Jacqueline Cochran. Die „schnellste Frau der Welt"
Bessie Coleman. Die erste Afro-Amerikanerin mit Pilotenschein
Eileen Collins. Die erste Raumfähren-Pilotin
Hèléne Dutrieu. Die erste Pilotin in Belgien
Amelia Earhart. Die erste Frau, die zwei Mal über den Atlantik flog
Ruth Elder. Die erste Frau, die den Flug über den Atlantik wagte
Marga von Etzdorf. Die tragische deutsche Fliegerin
Elise Garnerin. Die „Venus im Ballon"
Sabiha Gökcen. Die erste türkische Pilotin
Frances Wilson Grayson. Tragischer Flug über den Atlantik
Hilda Hewlett. Die erste britische Fliegerin

Maryse Hilsz. Die Rekordfliegerin aus Frankreich
Luise Hoffmann. Die erste deutsche Einfliegerin
Kara Spears Hultgreen. Die erste „F-14 Tomcat"-Kampfpilotin
Laura Ingalls. Die erste Amerikanerin, die über Südamerika flog
Carol Mae Jemison. Die erste afro-amerikanische Astronautin
Amy Johnson-Mollison. Englands erste Flugzeugmechanikerin
Thea Knorr. Die erste Schleißheimer Fliegerin
Raymonde de Laroche. Die erste Pilotin der Welt
Ruth Law. Erste Luftpost für die Philippinen
Anne Morrow Lindbergh. Die erste Amerikanerin mit Segelflugschein.
Anne Löwenstein-Wertheim. Die fliegende Prinzessin
Shannon Lucid. Der längste Raumflug einer Frau
Rita Maiburg. Einer der ersten weiblichen Linienflugkapitäne
Beryl Markham. Die erste Berufspilotin in Ostafrika
Marie Marvingt. Die „Mutter der Luftambulanz"
Christa McAuliffe. Die amerikanische Nationalheldin
Victoria van Meter. Die jüngste Fliegerin der Welt
Jerry Mock. Im Alleinflug um die Erde
Mathilde Moisant. Eine frühe Fliegerin in den USA
Käthe Paulus. Deutschlands erste Luftschifferin
Thérèse Peltier. Die erste Flugzeugpassagierin der Welt
Harriet Quimby. Die erste Amerikanerin mit Flugschein
Bessica Medlar Raiche. Eine der ersten Fliegerinnen in den USA
Barbara Allen Rainey. Die erste Marinepilotin der USA
Thea Rasche. The Flying Fräulein
Marina Raskowa. Eine fliegende „Heldin der Sowjetunion"

Wilhelmine Reichard. Die erste Ballonfahrerin in Deutschland
Hanna Reitsch. Die Pilotin der Weltklasse
Sally Kristen Ride. Die erste Amerikanerin im Weltall
Swetlana Sawizkaja. Die erste Spaziergängerin im Weltall
Christl-Marie Schultes. Die erste Fliegerin in Bayern
Blanche Stuart Scott. Die erste Amerikanerin, die ein Flugzeug flog
Sturzflüge für Deutschland. Kurzbiografie der Testpilotin Melitta Schenk Gräfin von Stauffenberg
Katherine Stinson und Marjorie Stinson. Die fliegenden Schwestern
Kathryn Dwyer Sullivan. Rekordspaziergängerin im Weltall
Walentina Tereschkowa. Die erste Frau im Kosmos
Élisabeth Thible. Die erste Passagierin einer Montgolfière
Kathryn Thornton. Berühmte Spaziergängerin im Weltall
Sabine Trube. Die deutsche Düsenjet-Kommandantin
Beate Uhse. Deutschlands erste Stuntpilotin
Nancy Bird Walton. Australiens erste und jüngste Verkehrspilotin

Bestellungen bei: http://www.grin.com

Bücher von Ernst Probst

Cortes und Malinche. Der spanische Eroberer
und seine indianische Geliebte
Der Schwarze Peter. Ein Räuber im Hunsrück
und Odenwald
Elisabeth I. Tudor. Die jungfräuliche Königin
Julchen Blasius. Die Räuberbraut des Schinderhannes
Frauen im Weltall
Königinnen der Lüfte von A bis Z. Biografien berühmter
Fliegerinnen, Ballonfahrerinnen, Luftschifferinnen,
Fallschirmspringerinnen und Astronautinnen
Königinnen der Lüfte in Deutschland
Königinnen der Lüfte in Frankreich
Königinnen der Lüfte in Amerika
Christl-Marie Schultes. Die erste Fliegerin in Bayern
(zusammen mit Theo Lederer)
Sturzflüge für Deutschland. Kurzbiografie der Testpilotin
Melitta Schenk Gräfin von Stauffenberg
(zusammen mit Heiko Peter Melle)
Tony und Bruno Werntgen. Zwei Leben für die Luftfahrt
(zusammen mit Paul Wirtz)
Königinnen des Films 1. Biografien berühmter
Schauspielerinnen von Lucie Ball bis zu Sophia Loren
Königinnen des Films 2. Biografien berühmter
Schauspielerinnen von Anna Magnani bis zu Mae West
Königinnen des Tanzes
Königinnen des Theaters
Machbuba. Die Sklavin und der Fürst
Malende Superfrauen
Maria Stuart. Schottlands tragische Königin
Meine Worte sind wie die Sterne. Die Entstehung der Rede
des Häuptlings Seattle (zusammen mit Sonja Probst)

Pocahontas. Die Indianer-Prinzessin aus Virginia
Pompadour und Dubarry. Die Mätressen von Louis XV.
Zenobia von Palmyra. Eine Frau kämpft gegen die Römer

Superfrauen 1 – Geschichte
Superfrauen 2 – Religion
Superfrauen 3 – Politik
Superfrauen 4 – Wirtschaft und Verkehr
Superfrauen 5 – Wissenschaft
Superfrauen 6 – Medizin
Superfrauen 7 – Film und Theater
Superfrauen 8 – Literatur
Superfrauen 9 – Malerei und Fotografie
Superfrauen 10 – Musik und Tanz
Superfrauen 11 – Feminismus und Familie
Superfrauen 12 – Sport
Superfrauen 13 – Mode und Kosmetik
Superfrauen 14 – Medien und Astrologie
Superfrauen aus dem Wilden Westen

Rekorde der Urzeit. Landschaften, Pflanzen
und Tiere
Rekorde der Urmenschen. Erfindungen, Kunst
und Religion
Dinosaurier von A bis K
Dinosaurier von L bis Z
Archaeopteryx. Die Urvögel aus Bayern
Das Moustérien. Die große Zeit der Neanderthaler
Das Rätsel der Großsteingräber. Die nordwestsche
Trichterbecher-Kultur
Die ersten Bauern in Deutschland (Die
Linienbandkeramische Kultur (5500 bis 4900 v. Chr.)
Der Ur-Rhein. Rheinhessen
vor zehn Millionen Jahren

Der Rhein-Elefant. Das Schreckenstier
von Eppelsheim
Höhlenlöwen. Raubkatzen im Eiszeitalter
Löwenfunde aus Deutschland, Österreich und der Schweiz
Der Mosbacher Löwe. Die riesige Raubkatze
aus Wiesbaden
Säbelzahnkatzen. Von Machairodus bis zu Smilodon
Der Höhlenbär

Monstern auf der Spur. Wie die Sagen über Drachen, Riesen
und Einhörner entstanden
Affenmenschen. Von Bigfoot bis zum Yeti
Seeungeheuer. Von Nessie
bis zum Zuiyo-maru-Monster

Der Ball ist ein Sauhund. Weisheiten und Torheiten
über Fußball (zusammen mit Doris Probst)
Worte sind wie Waffen. Weisheiten und Torheiten
über die Medien (zusammen mit Doris Probst)
Schweigen ist nicht immer Gold. 500 Zitate von A bis Z
Weisheiten der Indianer

Bestellungen bei www..grin.com

BEI GRIN MACHT SICH IHR WISSEN BEZAHLT

- Wir veröffentlichen Ihre Hausarbeit, Bachelor- und Masterarbeit

- Ihr eigenes eBook und Buch - weltweit in allen wichtigen Shops

- Verdienen Sie an jedem Verkauf

Jetzt bei www.GRIN.com hochladen und kostenlos publizieren